AF231457

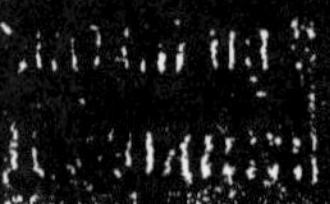

DES
CONDITIONS DU MARIAGE
EN DROIT ROMAIN.

DES
NULLITÉS DE MARIAGE
EN DROIT FRANÇAIS

Par Paul-Émile MERSIER,

AVOCAT A LA COUR IMPÉRIALE DE PARIS, DOCTEUR EN DROIT.

*Prima societas in conjugio est :
id autem est principium urbis et
quasi seminarium reipublicæ.*

CICÉRON, *de Offic.*, lib. I, 17.

PARIS
IMPRIMERIE CENTRALE DES CHEMINS DE FER
DE NAPOLÉON CHAIX ET Cⁱᵉ,
Rue Bergère, 20, près du boulevard Montmartre.

1862

DES

CONDITIONS DU MARIAGE

EN DROIT ROMAIN.

DES

NULLITÉS DE MARIAGE

EN DROIT FRANÇAIS

Par Paul-Émile MERSIER,

AVOCAT A LA COUR IMPÉRIALE DE PARIS, DOCTEUR EN DROIT.

Prima societas in conjugio est;
id autem est principium urbis et
quasi seminarium reipublicæ.
(CICÉRON, *de Offic.*, lib. I, 17.)

PARIS

IMPRIMERIE CENTRALE DES CHEMINS DE FER

DE NAPOLÉON CHAIX ET Cᵉ,

Rue Bergère, 20, près du boulevard Montmartre.

1862

A MON PÈRE. — A MA MÈRE.

———

A MON FRÈRE.

———

DES
CONDITIONS DU MARIAGE

EN DROIT ROMAIN.

INTRODUCTION.

Prima societas in conjugio est: id autem est principium urbis et quasi seminarium reipublicæ.
(CICÉRON, de Offic., lib. I, 17.)

Préliminaires sur le mariage. — Des cérémonies qui l'entouraient. — De la dissolubilité du mariage. — Du concubinat et des autres unions naturelles.

L'union de l'homme et de la femme est une des lois irrésistibles de notre nature. Mais l'homme, en sa qualité d'être raisonnable, ne se laisse pas diriger uniquement par les instincts de l'animal, et un caprice passager ne saurait satisfaire aux aspirations de son cœur. Se sentant incomplet par lui-même, l'isolement lui pèse. Aussi a-t-il besoin de se choisir une compagne à qui il communiquera ses pensées intimes, avec laquelle il pourra échanger ses affections, partager ses plaisirs, ses travaux et ses misères. Le mariage n'est que la conséquence légitime de ces besoins, qui sont de l'essence de l'humanité, et qui en assurent la conservation.

Cette institution, base de la famille, comme la famille elle-même est le fondement de la cité, est donc, on peut le dire, aussi ancienne que le monde.

Dans toute législation, le mariage est pour les époux la source de nouveaux droits et de nouvelles obligations. Il intéresse trop directement la société dont il est la pierre angulaire, pour que celle-ci n'en réglemente pas avec soin les formes et les conditions. Nous avons à nous occuper des lois romaines sur cette matière.

Chez les premiers Romains, le mariage semble avoir toujours été entouré de formes symboliques à la suite desquelles la jeune vierge devenue épouse passait, corps et biens, dans la famille de son mari, et se trouvait soumise à sa puissance, *in manu mariti*. Elle était considérée comme sa fille, et assimilée à la sœur de ses propres enfants. Toutefois, pour qu'il en fût ainsi, le mari devait être affranchi de la puissance paternelle, sans quoi celle-ci s'étendait sur la femme elle-même, qui entrait alors dans la famille de son beau-père. —La *manus* (tel était le nom du pouvoir du mari sur sa femme) était le résultat non du mariage lui-même, mais des cérémonies qui l'avaient entouré; c'est-à-dire de la *confarréation* pour les patriciens et de la *coemption* pour les plébéiens.

La confarréation était un sacrifice solennel fait à
Cérès, en présence de dix témoins. Ce nom de confarréation vient du pain de froment *(farreum)* qui y
était employé et que se partageaient les époux. C'é-
tait comme le symbole de la vie commune qui allait
commencer. Indépendamment de la *manus*, cette
cérémonie produisait un autre effet, celui de rendre
aptes aux fonctions sacerdotales les enfants à naître
du mariage. Or, on le sait, à l'origine de Rome, le
sacerdoce était l'apanage exclusif de la classe patri-
cienne. Aussi, aux patriciens seuls étaient réservés
les rites de la confarréation.

Chez les plébéiens, la *manus* résultait de la
coemption ou vente solennelle de la femme à son
mari faite soit par elle-même, soit par son père.

A défaut de confarréation ou de coemption, la
manus pouvait s'acquérir *usu*, c'est-à-dire par l'u-
sage, par une sorte d'usucapion de la femme. Il
suffisait que celle-ci eût cohabité une année entière
avec son mari, sans découcher trois nuits de suite.

On le voit, chez ce peuple encore grossier, la
femme s'acquérait comme un objet mobilier, soit
par la vente, soit par la possession annale. A cette
époque, la condition de l'épouse consistait dans une
subordination absolue. Incapable de porter les ar-
mes, elle ne pouvait guère être qu'un objet de mépris
pour des hommes dont le caractère était essentiellement guerrier. Protéger sa faiblesse, à la condition
toutefois de se saisir de son patrimoine et de sa personne même, en la confondant avec ses biens, était

le mieux qu'on pût exiger de ces fiers Quirites.
Leurs premières femmes n'avaient-elles pas été le
fruit d'un rapt exercé sur un peuple voisin, et, partant, une chose conquise, une sorte d'esclaves? Fille,
épouse ou veuve, toujours la femme était soumise à
un pouvoir supérieur, sous les noms de puissance
paternelle, puissance maritale ou tutelle perpétuelle.

Plus tard, le pouvoir rigoureux du mari, aussi
bien que celui du père de famille, s'adoucit; la femme
crût en indépendance et en dignité. La *manus*, en
devenant moins dure, devint aussi plus rare. Dans le
principe, selon M. de Savigny du moins, on ne connaissait pas de mariage sans la *manus*, mais bientôt
cette puissance maritale fut facultative. Sous l'empire,
les antiques cérémonies de l'union conjugale dispa-
raissaient peu à peu, et Tacite raconte que, au temps
de Tibère, les femmes ne voulaient plus procéder
à la confarréation, afin de se soustraire à la domination de leurs époux (1). A l'époque du jurisconsulte Gaïus, qui vivait sous Antonin le Pieux et
Marc-Aurèle, l'acquisition de la *manus* par l'usage
était tombée en désuétude (2). Mais la coemption
existait encore.

Nous l'avons dit, la confarréation et la coemption
ne constituaient pas le mariage lui-même; ce n'étaient
que des formalités nullement obligatoires, ayant
pour effet de placer la femme *in manu mariti*. Là

----

(1) Tacite, *Ann.*, liv. IV, titre 16.
(2) Gaïus, *Comm.*, I, § 111.

où elles manquaient, il n'y avait pas moins mariage civil, pourvu que les conditions exigées par le droit fussent remplies. Ces conditions, nous les examinerons plus tard ; disons seulement qu'il n'existait pas de formes extrinsèques et sacramentelles. L'union matrimoniale, chez les Romains, et à ne considérer que le droit pur, était un acte purement privé. Pas de rites légalement déterminés, pas d'intervention du pouvoir social. Le mariage était ramené à ses éléments les plus simples ; il résultait du consentement des deux fiancés de se prendre respectivement pour époux, et de tout acte ayant pour effet de mettre la femme à la disposition du mari ; et encore cette dernière condition est-elle contestée par certains auteurs, comme nous le verrons. Quelquefois on procédait à la rédaction d'un écrit, *instrumentum dotale;* mais il ne servait que pour la preuve du mariage, et non pour sa validité. Théodose, cependant, exigea la formalité de l'*instrumentum*, quand il s'agissait de mariage entre personnes appartenant à des classes différentes de la société. Justinien, dans sa novelle 74 (ch. IV), posa diverses règles dans le même sens.

Ainsi, consentement des parties, la femme mise à la disposition du mari, tels étaient les éléments essentiels du mariage romain. Dès qu'ils existaient et que les époux réunissaient les conditions de capacité nécessaires, le lien conjugal était formé. Il y avait *justum matrimonium, justæ nuptiæ* et communauté d'existence ; le mari acquérait la puissance paternelle sur les enfants à naître ; il prenait le titre de *vir*, la femme celui d'*uxor*.

Les justes noces étaient souvent précédées de fiançailles, *sponsalia*. C'était une convention sous forme de stipulation par laquelle deux personnes promettaient elles-mêmes, ou avec l'intermédiaire de leurs représentants, de s'unir plus tard par les liens du mariage (1). *Spondes ne mihi aut illi uxorem futuram? — Spondeo.* Telle était la formule. Si l'un des fiancés refusait d'accomplir sa promesse, l'autre pouvait intenter contre lui une action en dommages-intérêts, action *de sponsu* (2).

DE LA DISSOLUBILITÉ DU MARIAGE. — Chez les Romains, le mariage était-il dissoluble ? L'institution du divorce a-t-elle existé de tout temps dans la législation romaine ? L'affirmative est généralement admise. D'après Cicéron (3), la loi des XII tables donnait au mari le droit de répudier sa femme. Malgré cette faculté, les divorces furent très-rares dans les cinq premiers siècles de Rome ; si même on en croit Valère-Maxime (4) et Aulu-Gelle (5), ce ne serait que cinq cent vingt ans après la fondation de Rome qu'aurait eu lieu la première répudiation. C'est là une assertion assez invraisemblable ; car « il suffit de connaître la nature de l'esprit humain, dit l'auteur

(1) D., 23, 1, 1, *de sponsal.*
(2) Aulu-Gelle, *Nuits att.*, liv. IV, ch. iv.
(3) Ph., II.
(4) Liv. II, ch. i^{er}.
(5) *Nuits att.*, liv. IV, ch. iii.

do l'*Esprit des lois* (1), pour sentir quel prodige ce serait que, la loi donnant à tout un peuple un droit pareil, personne n'en usât. » Toutefois, on est en droit de conclure que la sainteté du mariage reçut peu d'atteintes dans les premiers siècles de Rome. A en croire Montaigne (2), « ce qui teint les mariages si long temps en honneur et seureté, feut la liberté de les rompre qui vouldroit. » Mauvaise raison, d'après laquelle il suffirait, pour assurer l'affection réciproque des époux et la perpétuité du lien conjugal, d'en décréter précisément la dissolubilité ! Les véritables motifs de cette absence de divorce, ce sont la pureté des mœurs des premiers Romains, la fréquence des expéditions qui, tenant toujours leur activité en éveil, ne leur donnaient guère le temps de se livrer à des discussions d'intérieur, à des querelles domestiques ; c'est aussi « l'inégalité d'une liaison dans laquelle l'esclave ne pouvait point renoncer à son tyran, et où le tyran ne voulait point abandonner son esclave (3).»

A partir de la république, les divorces se multiplièrent et ne firent qu'augmenter sous l'empire, malgré les efforts de la loi *Julia* et des empereurs chrétiens. *Non consulum numero, sed maritorum annos suos computant*, dit Sénèque (4) ; les femmes ne comptent plus leurs années par le nombre des consulats, mais par celui de leurs mariages.

---

(1) Montesq., *Esp. des lois*, liv. XVI, ch. xvi.
(2) *Essais*, liv. II, ch. xv.
(3) Gibbon, *Décad. de l'emp. rom.*, ch. xiv.
(4) *De Benef.*, liv. III, ch. xvi.

Nous ne nous occuperons pas ici de la forme et des conditions du divorce, cette matière ne rentrant pas directement dans le cadre de ce travail.

Disons quelques mots d'une autre union légale qui existait à côté des justes noces : le *concubinat*.

DU CONCUBINAT. — C'est le commerce licite d'un homme et d'une femme qui ne peuvent ou ne veulent contracter un *justum matrimonium*.

Chez les peuples primitifs où l'institution du mariage est imparfaitement réglementée, chez les Romains surtout où le consentement seul produisait les justes noces, on comprend que l'union naturelle se différencie assez peu de l'union légitime. Sans se confondre absolument, ces deux unions ont bien des points de ressemblance. Le défaut de solennités et de conditions extrinsèques pour le mariage empêche d'apercevoir d'une manière bien nette et immédiatement saisissable les distinctions qui le séparent du concubinat. Ces considérations expliquent pourquoi le concubinat chez les anciens n'était pas empreint de ce caractère plus ou moins dégradant dont on l'entoure chez les modernes, où la société intervient solennellement dans la formation des mariages, où les lois civiles ont protégé tout particulièrement la famille, en accordant certaines prérogatives à chacun de ses membres. La légende biblique nous montre comme un fait tout naturel l'exemple d'Abraham prenant Agar, sa servante, sur l'invitation même de Sara. Dans le Décalogue, il est défendu par un même commandement de convoiter ni la femme ni la concubine du prochain. En Grèce, la femme de compagnie, *hetaïra*, quoique privée des honneurs de l'épouse, ne lui cédait souvent en rien pour la fidélité et le dévouement. A Rome, le concubinat était élevé pour ainsi dire à la hauteur d'une institution. Il était réglé par les lois. Cette union était toutefois moins honorable que le mariage, surtout pour la femme. En général on choisissait, à titre de concubines, des femmes qu'on ne pouvait épouser, des comédiennes, des pérégrines, des plébéiennes pour les patriciens, avant la loi *Canuleia* qui permit le mariage entre les deux classes. Il était interdit aux proconsuls d'épouser une jeune fille de la province dont l'administration leur était confiée, mais ils avaient la faculté d'y choisir une concubine. Ainsi considéré, le concubinat, étant une espèce de palliatif aux rigueurs politiques de la loi civile et une concession faite par celle-ci aux lois naturelles, n'a rien de véritablement immoral. Il n'est pas sans analogie avec le mariage morganatique, aujourd'hui en usage dans plusieurs pays de l'Europe.

Le concubinat n'était pas un lien proprement dit, il prenait fin par la volonté des parties ou de l'une d'elles, sans qu'il fût besoin de formalités pour rompre cette union. Il produisait cependant des effets légaux ; les enfants qui en étaient issus, sans posséder les avantages d'enfants légitimes, avaient un père connu, et, à l'égard de leur mère, ils étaient dans la même position que s'ils fussent issus de justes noces. Les lois ne permettaient pas d'avoir à la fois deux concubines, ou une épouse et une concubine. La seule intention des parties distinguait le mariage du concubinat. Cette différence n'était pas aussi difficile à établir qu'on serait tenté de l'imaginer. « S'agissait-il d'une femme qu'on n'aurait pu épouser, dit M. Ortolan, dans son explication des *Institutes*, d'une femme surprise en adultère, domiciliée dans la province et vivant avec l'administrateur, etc., il n'y avait aucun doute, elle n'était que concubine. S'agissait-il d'une femme ingénue ou honnête, pas de doute encore, puisqu'elle ne pouvait vivre en concubinat sans que la chose fût attestée par un acte manifeste. Enfin, s'agissait-il d'une femme de mauvaises mœurs, on présumait qu'elle était en concubinat. L'acte dotal qui accompagnait ordinairement les justes noces était encore un indice. »

Disons-le cependant, le concubinat et le divorce, ou plutôt la facilité trop grande de divorcer à volonté, furent avec l'asservissement politique les plaies de la civilisation romaine, et contribuèrent puissamment à la décadence des mœurs. Le mariage fut méprisé, sa dignité avilie; on trouvait plus de commodité dans ces unions passagères que le caprice avait formé et que le caprice pouvait rompre. L'esprit de famille éteint, la société tombait en dissolution. Auguste fut obligé de faire des lois, les lois *Julia* et *Papia Poppœa*, pour exciter au mariage et à la propagation de l'espèce en accordant des prérogatives aux gens mariés et en frappant de cer-

taines déchéances les célibataires et les citoyens sans
enfants. Les premiers furent déclarés incapables de
recevoir par testament des personnes auxquelles ils
étaient étrangers ; les seconds n'avaient, à cet égard,
qu'une capacité restreinte à la moitié de ce qui leur
serait laissé. Triste situation que celle d'un État où
l'intérêt matériel est le seul mobile des mariages ! Si
on se marie davantage désormais, ce sera non pour
avoir des héritiers, mais pour être héritier soi-même,
comme le dit Plutarque.

Les empereurs chrétiens firent de vains efforts
pour détruire le concubinat. Cette institution était
trop profondément enracinée dans les mœurs, et
l'Église fut obligée de la tolérer. Le concile de Tolède (an 400) reconnut aux fidèles qui n'avaient pas
de femme légitime le droit d'avoir une concubine (1).

Mentionnons enfin comme autres unions purement
naturelles le *contubernium* et le *stuprum*. Le *contubernium* était le commerce des esclaves entre eux
ou avec des personnes libres ; il était abandonné
au pur droit naturel. Le *stuprum*, c'était toute union
illicite et réprouvée par les lois, notamment l'inceste
et l'adultère ; les enfants qui en naissaient n'avaient
pas de père connu ; on les nommait *spurii* ou *vulgo
concepti*, c'est-à-dire enfants dont la paternité pouvait être attribuée à tout le monde.

Après l'exposé de ces généralités, abordons les
détails de notre matière.

---

(1) Concile de Tolède, I, ch. xvii.

CHAPITRE PREMIER.

Définitions et éléments constitutifs du mariage.

§ 1er. — DÉFINITIONS DU MARIAGE.

Nuptiæ sunt conjunctio maris et fœminæ, consortium omnis vitæ, divini et humani juris communicatio, dit Modestin (1). Cette définition, comme le fait observer Pothier, était, à proprement parler, celle des mariages qui se faisaient par confarréation ou par coemption. C'était, en effet, à la suite de ces unions solennelles qu'il y avait véritablement entre les époux *divini et humani juris communicatio,* puisque la femme passait alors dans la famille et sous la puissance du mari, qu'elle devenait son héritière.

Sous Justinien, ces cérémonies étaient tombées en désuétude ; la *manus* qui en résultait n'existait plus ; les biens de la femme n'étaient plus confondus dans le patrimoine du mari ; un régime dotal savant les en avait soigneusement distingués et en assurait l'intégrale restitution, lors de la dissolution du lien matrimonial. Aussi la définition du rédacteur des *Institutes* se ressent-elle de cette différence dans les effets du mariage. *Nuptiæ sive matrimonium est viri*

---

(1) D., 23, 2, 1.

*et mulieris conjunctio, individuam vitæ consuetudi-
nem continens*, dit Justinien (1).

Les expressions *consortium omnis vitæ* de la
première définition et *individuam vitæ consuetudinem continens* de la seconde, sembleraient indiquer que le mariage est indissoluble. Nous avons vu
qu'il n'en était pas ainsi. Cependant ces paroles des
jurisconsultes peuvent se justifier, si on les rapporte
à l'intention des parties. Celles-ci entendaient, en
se mariant, contracter une union de toute la vie et
ne prévoyaient ordinairement pas les éventualités
d'un divorce ou de toute autre dissolution anticipée.
L'idée de Modestin, aussi bien que celle de Justinien,
est probablement d'opposer le mariage au concubinat, dans lequel l'intention primitive des parties
n'était pas toujours de rester ensemble jusqu'à la
mort de l'une d'elles.

§ 2. — ÉLÉMENTS CONSTITUTIFS DU MARIAGE.

Pas de solennités légalement obligatoires, c'est ce
que déclare positivement la loi 22 du titre *de nuptiis*
au Code. Pour la validité d'un mariage, il suffit seulement, outre certaines conditions de capacité dont
nous nous occuperons plus tard, 1° qu'il y ait consentement des deux époux; 2° que la femme soit
mise à la disposition du mari.

1° *Consentement des deux parties.* — Cette condi-

---

(1) Inst., 1, 9, 1.

tion est mentionnée dans plusieurs textes (1). En
conséquence si l'une des parties était en démence,
le mariage serait impossible (2). En général, la démence est un obstacle à tout changement d'état ;
car, pour effectuer ce changement, il faut le consentement de la personne qui veut l'opérer. Ainsi, de
même que l'insanité d'esprit empêche le mariage de
s'accomplir, de même on peut dire qu'elle le conso-
liderait si elle survenait après sa consommation ;
car alors ce serait un obstacle à une demande en
divorce.

La volonté des futurs époux doit être libre, c'est-
à-dire à l'abri de toute violence physique ; mais une
influence purement morale, telle que la crainte révérentielle, ne suffit pas pour vicier le consentement (3). Ainsi, le patron ne pourrait épouser malgré elle son esclave affranchie. Mais il en serait
autrement si le mariage avait été la condition de
l'affranchissement. Dans cette hypothèse, en effet,
la femme a donné un consentement indirect, en ac-
ceptant la manumission (4).

2° *La femme doit être mise à la disposition de son
mari.* — Cette condition a été contestée par des jurisconsultes d'une grande autorité, notamment par
M. Ducaurroy, dans son *Commentaire sur les Institutes*, et par M. Laferrière, dans son *Histoire du*

----

(1) Code, 5, 4, 22. — D., 23, 2, 2.
(2) 23, 2, 16, 2.
(3) D., 23, 2, 21 et 22. — Code, 5, 4, 14.
(4) D., 23, 2, 28 et 29.

droit. A leur avis, la translation de la femme dans la maison du mari, ou sa présence pour exprimer son consentement, ne seraient pas des éléments essentiels à la validité du mariage, mais seulement un mode d'exécution et de preuve. Jacques Godefroy, le savant commentateur du code Théodosien, avait soutenu la même opinion.

Les arguments invoqués dans ce système sont les suivants : la loi 22, au Code, *de Nuptiis*, dans laquelle le consentement seul figure comme condition nécessaire au mariage ; la loi 66, au Digeste, *de Donat. inter vir. et uxor., pr.*, d'après laquelle la *deductio in domum mariti* serait sans importance pour la formation du lien conjugal ; la règle exprimée dans divers textes *solo honore maritali et affectu nuptias constitui* (1), et enfin l'aphorisme connu *Nuptias non concubitus sed consensus facit* (2).

Ces arguments me paraissent assez peu concluants. D'abord, cette dernière maxime est étrangère à la question. Elle ne signifie pas que le consentement seul constitue le mariage. Elle exprime simplement ces deux idées : 1° il n'y a pas mariage par cela seul qu'il y a cohabitation ; 2° il peut y avoir mariage avant toute cohabitation (3).

La règle *honore maritali et affectu nuptias cons-*

---

(1) L. 11, Code Just., *de repud.* — Nov. 22., ch. 3, et nov. 74, ch. 4.
(2) L. 30, *de reg. juris.*
(3) D., 35, 1, 15.

2

futur se place sans doute dans l'hypothèse où le mari et la femme sont en présence. On comprend alors que la seule intention, *solus affectus*, soit suffisante, puisque l'épouse étant présente se trouve par là même à la disposition du mari.

La loi 22, au Code, *de Nuptiis*, a pour but de nous apprendre que le mariage est dispensé de solennités, qu'il réside dans la volonté des conjoints de s'unir légitimement ; mais s'il n'est pas question d'assurer au mari la libre disposition de sa femme, il est tout au moins téméraire d'en conclure que cette formalité soit superflue.

Quant à la loi 66, *de Donat. inter vir. et uxor.*, elle n'est rien moins que favorable à la thèse qui l'invoque. Le § 1er au contraire est un argument certain pour la doctrine opposée. En voici les termes : « Une jeune fille est conduite dans les jardins de » son futur époux, trois jours avant le mariage ; elle » habite un pavillon séparé ; le jour de la célébra-» tion, *avant de passer chez son mari* et de recevoir » l'eau et le feu, elle reçoit de lui dix pièces d'or. » Plus tard, le divorce arrivant, on demande si le » mari peut répéter la somme. Le jurisconsulte a » répondu qu'elle ne pouvait être déduite de la dot, » parce qu'il y avait eu donation avant le mariage. » Les donations entre époux, d'abord prohibées, furent permises sous Antonin Caracalla, mais déclarées révocables au gré du donateur. Les donations faites avant les noces étaient au contraires irrévocables. Dans l'espèce ci-dessus, il est donc fort important de savoir si les dix pièces d'or ont été remises avant ou seulement après le mariage : dans le premier cas, en effet, la femme les gardera; dans le second elle devra les restituer, car le divorce est une présomption de révocation faite par la volonté du donateur. Or, *Scævola*, l'auteur de ce texte, déclare que la donation ayant eu lieu avant que la jeune fille ne soit passée dans l'appartement du mari, se trouve avoir précédé le mariage. Le § 1er de notre loi 66 est donc la réfutation formelle du système d'après lequel le consentement serait l'unique condition des justes noces. — Il est vrai que cette doctrine ne songe pas à se prévaloir du § 1er, mais seulement du *principium* de la loi 66. Sans examiner ce dernier texte, il serait fort singulier que le jurisconsulte se fût mis en une aussi flagrante contradiction avec lui-même ; et si une semblable antinomie existait entre le *principium* et le § 1er, il en faudrait conclure que notre loi 66 doit être éliminée de la discussion, comme fournissant des arguments contraires dont la valeur se détruirait mutuellement. Mais cette prétendue contradiction n'est qu'apparente, et le *principium* peut très-bien s'expliquer d'une manière conforme à l'opinion repoussée par MM. Ducaurroy et Laferrière. Ce texte présente une espèce analogue à celle qui a été examinée ci-dessus ; il s'agit encore d'une donation de pièces d'or faite à une femme avant la *deductio in domum*, et on se demande si cette donation s'est effectuée avant ou après l'accomplissement du mariage. Le jurisconsulte

répond en ces termes que nous traduisons littérale-
ment : « Il n'y a pas d'intérêt à dire que la dona-
» tion est faite avant la *deductio;* par conséquent la
» donation n'est pas parfaite si elle n'a eu lieu avant
» que ne soit contracté le mariage qui se forme par
» le consentement. » Ce texte est-il donc directement contraire à la théorie que nous croyons devoir
adopter ? Non certes. D'après cette théorie, il est
nécessaire que la femme soit mise à la disposition du
mari, mais cette espèce de tradition ne consiste pas
toujours dans la *deductio in domum;* voilà pourquoi
il est inutile d'exprimer que la donation a été faite
avant la *deductio,* car, malgré cela, elle peut avoir
eu lieu après le mariage, si le consentement des
parties était déjà intervenu et que l'épouse se fût
mise à la disposition de son conjoint.

Tous ces textes, disons-le, ne tranchent réellement
pas la question. Nous trouvons, au contraire, d'autres dispositions qui semblent exiger d'une manière
positive une sorte de livraison de la femme, indépendamment du consentement des époux. Ainsi,
Paul (1) nous apprend qu'un homme ne peut épouser à Rome une femme absente, tandis qu'en sens
inverse, si l'homme était absent de Rome, où est
situé son domicile, et que la femme y fût présente,
le mariage pourrait s'accomplir. Pomponius enseigne
la même doctrine (2).

---

(1) *Sent.,* 2, 19, 5.
(2) D., 23, 2, 5.

Tryphoninus n'est pas moins décisif : « Bien que
» la femme habite la maison du mari, le mariage
» est dissous malgré toute volonté contraire, *tametsi*
» *maxime velit*, si le mari est fait prisonnier (1). »
Ici, en effet, l'épouse n'est plus à la disposition de
son conjoint. Le *postliminium* n'aurait même point
d'application ; et, au retour du prisonnier, l'ancienne
union ne subsisterait pas ; il faudrait nécessairement
un nouveau mariage (2). Si donc le mariage cesse
dès que la femme ne se trouve plus à la disposition
de son mari, *à fortiori* déciderons-nous que cette
condition est nécessaire à la formation du lien conjugal (3).

Ce dernier système est soutenu par M. Ortolan
dans son explication des *Institutes* (4), et par M. Demangeat à son cours.

Le mariage, nous le savons, ne se distinguait du
concubinat que par l'intention, la volonté des parties
(affectio maritalis). Aussi pouvait-il y avoir certaines
difficultés pour distinguer ces deux unions. A défaut
d'*instrumentum dotale*, toutes les fois que la femme
est ingénue et honnête, il y a présomption de mariage. Autrement, si la femme ne possédait pas ces
qualités, cette présomption n'existait qu'en présence
de l'acte dotal. Mais Justinien supprima la nécessité

____

(1) D., 49, 15, 12, 4.
(2) D., 49, 15, 14, 1.
(3) Voir dans le même sens : D., 23, 2, 6. Ici la femme est absente
par rapport au mari, mais non par rapport au domicile — et loi 7.
(4) Tit. X, 99.

de l'*instrumentum*, dans cette hypothèse (1), tout en en faisant une formalité indispensable, pour les mariages des grands dignitaires de l'empire (2).

Par sa novelle 74, Justinien introduisit l'obligation d'une certaine cérémonie dans le mariage. Il ordonna aux hommes d'une profession honnête qui se marient sans contrat de se présenter devant le défenseur de quelque église, et d'y déclarer le jour, le mois et l'année de leur union. Sur cette déclaration, ce défenseur rédige un certificat signé de plusieurs témoins. Mais on n'exige pas cette formalité des personnes pauvres, telles que les agriculteurs et les soldats.

CHAPITRE II.

Conditions de capacité nécessaires à la validité du mariage.

Ulpien indique trois conditions : la puberté, le consentement, le *connubium* (3). Nous allons les examiner successivement et en détail ; ce sera l'objet d'autant de paragraphes.

§ 1er. — DE LA PUBERTÉ.

La procréation des enfants étant le but principal du mariage, on comprend que toute législation doive

---

(1) C., 5, 4, 22 et 23, 7.
(2) Nov. 74, ch. 4, et nov. 67, ch. 2, 3 et 4.
(3) Ulp., fr., 5, 2.

fixer un âge avant lequel l'union matrimoniale soit
prohibée. A Rome, cet âge était celui de douze ans
pour la femme. Chez l'homme, il n'y avait pas d'é-
poque parfaitement déterminée. Autrefois, la déclaration de puberté résultait de l'examen particulier
des organes. Tous les ans, à une fête appelée *libe-
ralia*, on remettait la toge virile à tous les jeunes
gens que leurs parents avaient désignés comme pu-
bères. Cependant, les Proculiens voulaient que l'âge
de quatorze ans formât une présomption suffisante ;
malgré la résistance des Sabiniens, l'opinion des
premiers l'emporta et fut consacrée par Justinien.

Si une union avait été contractée avant l'âge requis et que toutes les autres conditions eussent d'ailleurs été remplies, l'existence du mariage ne com-
mençait véritablement qu'à l'instant de la puberté,
et sans effet rétroactif (1).

Puisque la propagation de l'espèce est un des
principaux motifs du mariage, on peut se demander
si la faculté légale de se marier cesse avec la puissance d'engendrer ; en d'autres termes si la vieillesse, l'impuissance ou la castration sont des obstacles à cette faculté.

Relativement à la vieillesse, nous n'avons pas de
texte positif qui la considère comme un empêchement au mariage. La loi *Julia* contenait une disposition à ce sujet ; Godefroy la restitue ainsi : *Sexa-
genario masculo, item quinquagenariæ feminæ, nup-*

---

(1) D., 23, 2, 4.

ras *contrahere jus ne esto.* L'opinion de Godefroy sur la prohibition du mariage entre vieillards peut se justifier par un texte d'Ulpien qui paraît assigner une limite d'âge : *Finitos annos in matrimonio* (1), et par un autre texte plus décisif qui parle d'une nterdiction positive de la loi *Julia : Sancimus nuptias, quæ inter masculos et fœminas majores,.... sexagenariis vel quinquagenariis, lege Julia, vel Papia prohibitæ sunt* (2)..... — Toutefois ces raisons ne sont pas invincibles, car Ulpien lui-même suppose un mariage accompli entre personnes de plus de cinquante et soixante ans (3). Si certaines dispositions législatives nous présentent une époque de la vie au delà de laquelle l'homme et la femme ne doivent plus s'unir, cela peut s'entendre d'une limitation d'âge fixée pour l'exemption des peines du célibat ; en ce sens que les déchéances prononcées par la loi Julia contre les célibataires continueront de frapper ceux qui auraient contracté un mariage tardif à un âge où l'on ne peut plus en attendre d'effets (4).

Quant à l'impuissance et à la castration, Godefroy les regarde également comme deux obstacles au mariage. Cependant, d'après l'examen de certains textes, nous pensons qu'il y a lieu de faire ici une distinction ; l'impuissance ne semble avoir été qu'une cause de divorce ; la castration, elle, est un empê-

(1) Fr., 16, 1.
(2) Code, 5, 4, 27.
(3) Fr., 16, 3.
(4) M. Machelard, *Dissertat. sur l'accroissement*, p. 73.

chement absolu à l'accomplissement du mariage (1).
C'est en vertu des mêmes idées que Justinien permet
l'adoption aux impuissants et la défend aux cas-
trats (2). La raison de cette différence, c'est que
« chez l'impuissant, comme le dit M. Ortolan (3),
le vice d'organisation n'est ni assez complet, ni assez
démontré pour qu'il soit contre nature de supposer
que celui qui paraît impuissant ait un enfant »,
tandis que chez le castrat une semblable supposition
serait sans fondement.

§ 2. — DU CONSENTEMENT.

Deux espèces de consentements sont nécessaires
pour la validité du mariage : d'abord celui des futurs époux, dont il a été suffisamment parlé dans le
chapitre Ier, puis celui de leurs parents, qui va faire
l'objet du présent paragraphe.

La constitution despotique de la famille romaine
ne pouvait permettre à un membre de cette famille
de l'abandonner ou de l'augmenter par une alliance,
sans l'adhésion du chef souverain. Tel était le motif
en vertu duquel la loi exigeait le consentement du
pater familias pour le mariage de ses enfants. En
principe donc, ce consentement seul était requis (4);
ainsi on ne demandait pas celui de la mère, car elle ne
partageait pas avec son mari la puissance paternelle,

---

(1) D., 23, 3, 39. — D., 40, 2, 14. — Code, 5, 17, 10.
(2) Inst., 1, 11, 9.
(3) Tome II, 145.
(4) Inst., 1, 10, pr.

L'enfant émancipé n'avait pas de consentement à demander (1); mais celui qui avait été donné en adoption ou qui s'était fait adroger devait se munir de l'autorisation du chef de sa nouvelle famille.

Si le mariage légalement contracté est rompu par un divorce, et qu'ensuite les deux anciens époux veulent s'unir de nouveau, il y a lieu à requérir une seconde fois le consentement paternel (2). Mais pour cela, il faut qu'il y ait eu un véritable divorce et non un simple dissentiment suivi d'une réconciliation (3).

Si le chef de famille était un aïeul, le petit-fils devait, pour se marier, obtenir deux consentements, celui de son aïeul et celui de son père. Le droit du chef de famille n'allait pas, en effet, jusqu'à pouvoir augmenter le nombre de descendants futurs de son fils, malgré la volonté de celui-ci, et lui imposer ainsi de nouveaux héritiers (4). Mais la nécessité de ce double consentement n'existait pas, quand il s'agissait du mariage d'une petite-fille; la seule autorisation de l'aïeul suffisait (5), car les enfants de cette fille ne devaient jamais entrer dans la famille civile de leur mère.

Le consentement exigé doit être déterminé. Il ne peut résulter d'une permission générale de s'unir

----

(1) D., 23, 2, 25.
(2) D., 23, 2, 13, et Code, 5, 4, 7.
(3) D., 23, 2, 33.
(4) Inst., 1, 11, 7.
(5) D., 23, 2, 16, 1.

avec une personne quelconque (1). C'est ce qu'il faudrait également décider dans notre droit français.

Mais ce consentement pourrait fort bien n'être que tacite. Ainsi le père instruit du mariage de son fils et qui ne s'y opposerait pas, serait réputé avoir donné son approbation (2).

L'obligation de demander le consentement paternel est un principe, avons-nous dit, qui tient à l'organisation civile de la famille romaine plutôt qu'à des considérations purement morales de respect et de déférence envers les parents, puisqu'on se passait de l'autorisation de la mère. Tel était, en effet, le droit primitif. Mais une constitution de Valens et de Valentinien, confirmée par une autre d'Honorius et de Théodose (3), apporta une dérogation à ce principe. Désormais une fille mineure de vingt-cinq ans ne pourra se marier, bien qu'elle soit *sui juris*, sans le consentement de son père, et à défaut du père, sans celui de sa mère et de ses proches parents. Dans le cas de dissentiment entre ceux-ci et la mère, sur le choix d'un mari, il faudra recourir à l'autorité judiciaire.

L'autorisation du chef de famille étant une condition de la validité de l'union matrimoniale, devait nécessairement la précéder ; ... *in tantum ut jussus parentis præcedere debeat*, disent les *Institutes* (4). Un mariage contracté au mépris de cette formalité

____

(1) D., 23, 2, 34.
(2) Code, 5, 4, 2 et 5.
(3) Code, 5, 4, 18 et 20.
(4) Inst., 1, 10, pr.

eût été entaché de nullité radicale; le consentement intervenu dans la suite aurait validé le mariage, mais sans effet rétroactif; en d'autres termes, il aurait transformé un concubinage en union légitime (1). La mort du père équivaudrait à son consentement (2). Cependant Cujas se fondant sur un texte de Paul a soutenu que le défaut de consentement empêchait bien le mariage de se célébrer, mais qu'il n'avait pas le pouvoir de briser un mariage déjà consommé; en d'autres termes, que l'absence d'autorisation paternelle ne constituait qu'un simple empêchement prohibitif et non un empêchement dirimant. Voici le texte de Paul qui a donné lieu à cette doctrine : *Eorum qui in potestate patris sunt, sine voluntate ejus, matrimonia jure non contrahuntur ; sed contracta non solvuntur ; contemplatio enim publicæ utilitas privatorum commodis præfertur* (3). Sans chercher à pénétrer le sens de ce fragment, on peut affirmer *à priori* que l'interprétation de Cujas est erronée, et que ce jurisconsulte a méconnu la nature du mariage en droit romain. Dans cette législation, il ne peut être en aucune façon question d'empêchements prohibitifs, puisque le mariage n'est soumis à aucune célébration légalement obligatoire. Tout empêchement est virtuellement absolu. Mais dès lors comment expliquer ce passage de Paul ? Il signifie tout simplement que le père peut mettre obstacle au mariage par son

---

(1) D., 23, 2, 1.
(2) Cela résulte implicitement d'un texte de Paul; D., 1, 5, 11.
(3) *Sent.*, 2, 19, 2.

refus de consentir, mais qu'il n'est pas maître de rompre le lien conjugal en rétractant un consentement déjà donné. Avant Marc-Aurèle, le père pouvait au contraire forcer les époux à divorcer (1).

Il y a trois cas dans lesquels les enfants pourront se passer du consentement paternel. Le premier est celui dans lequel le père s'opposerait au mariage sans connaître la personne avec laquelle son enfant veut se marier; un semblable refus donné sans connaissance de cause est considéré comme trop absolu et par conséquent injuste (2). — Le deuxième cas est l'état de démence du père. Autrefois, il y avait eu des doutes sur la question de savoir si le fils d'un homme en démence pouvait se marier sans son assentiment. Ce doute naissait de ce qu'on admettait difficilement qu'un père pût avoir dans sa famille des *heredes sui* sans sa volonté. On distinguait aussi si le père était en état de folie, *furiosus*, ou en état d'*imbécillité*, *mente captus*. Le *furiosus* peut avoir des intervalles lucides, ce qui n'a pas lieu pour le *mente captus*; aussi, depuis Marc-Aurèle du moins, se passait-on toujours de l'autorisation du dernier; car on ne voulait pas condamner l'enfant à un célibat perpétuel. Sous Justinien, toutes ces distinctions avaient disparu, et le fils aussi bien que la fille d'un père en démence, *furiosus* ou *mente captus*, sont dispensés de son consentement pour leur mariage. On

______

(1) Code, 5, 17, 5, et Paul, *Sent.*, 5, 6, 15.
(2) D., 23, 2, 19.

y suppléait par l'autorisation du préfet, à Constanti-
nople, et de l'évêque, dans les provinces, en présence
des plus proches parents et du curateur du futur (1).
— La troisième hypothèse dans laquelle le consentement paternel n'était pas exigé, est celle où le père
est fait prisonnier. Le *postliminium*, ici, n'a pas
d'effet (2). Certains textes décident même que le futur époux doit attendre, avant de procéder au mariage sans l'autorisation du père, que cette captivité
ait duré trois ans (3). Un fragment de Paul donne
la même règle en cas d'absence du père (4).

§ 3. — DU CONNUBIUM.

C'est la troisième condition énoncée par Ulpien.

Le *connubium*, c'est la faculté qu'ont deux personnes déterminées de s'unir entre elles par les liens
du mariage. C'est la capacité relative de se marier (5).
Ainsi, pour qu'il y ait justes noces entre deux conjoints, il faut non-seulement que chacun d'eux soit
individuellement apte au mariage, d'après le droit
civil, mais il faut de plus qu'ils aient le *connubium*,
c'est-à-dire la possibilité légale de s'unir l'un à
l'autre. Par exemple, le *connubium* existait entre les
citoyens romains (6), mais non entre ceux-ci et les

---

(1) Code, 5, 4, 25 et 28.
(2) D., 49, 15, 12, 3.
(3) D., 23, 2, 11.
(4) D., 23, 2, 10.
(5) Ulp., *Fr.*, 5, 3.
(6) G., 1, 56 et 57.

pérégrins ou les Latins ; cependant cette faculté,
bien que dérivant du droit propre aux citoyens, du
jus civitatis, était quelquefois accordée à des étrangers (1).

Certains textes traitent de mariages *sine connu-
bio* (2) : ils font allusion aux unions contractées entre un Romain et une pérégrine. Dans cette hypothèse l'homme avait certaines prérogatives du mari.

Antonin Caracalla accorda le droit de cité à tous
les habitants de l'empire romain (*in orbe romano
qui sunt*) (3), et cependant Justinien semble dire
que le mariage ne peut exister qu'entre citoyens
romains : « *Justas nuptias inter se cives romani contrahunt* (4). » Cette décision peut s'expliquer si on
admet avec M. Demangeat que la constitution de
Caracalla concernait seulement les sujets existant
alors dans l'Empire, et non pas les habitants des
pays réunis ultérieurement. Et même, en repoussant cette théorie, il est encore facile de justifier la
règle de Justinien ; en effet, une constitution de Valens et de Valentinien (5) défendit, sous peine de
mort, le mariage entre provinciaux et *Gentiles*, expression alors synonyme de Barbares (les empereurs
pressentaient déjà que l'introduction des Barbares
dans l'empire devait en précipiter la ruine) ; c'est

____

(1) Ulp., *Fr.*, 5, 4.
(2) D., 48, 5, 13, 1. — 50, 1, 37, 2.
(3) D., 1, 5, 17.
(4) Inst., 1, 10, pr.
(5) Code Théod., 3, 14.

cette prohibition que laissa subsister Justinien ; mais la pénalité de la mort avait disparu.

Même entre citoyens romains, il y avait un grand nombre d'obstacles au *connubium*. Ces obstacles étaient fondés sur la parenté et sur l'alliance, sur certaines convenances morales ou sociales, sur l'exercice de certaines fonctions administratives ou de famille. Nous allons les examiner en détail.

I. — *Empêchement au mariage résultant de la parenté.*

Le droit romain connaissait deux espèces de parentés : la *cognation*, ou parenté naturelle, c'est-à-dire le rapport qui unissait entre elles les personnes issues d'un auteur commun ; l'*agnation*, ou parenté civile, c'est-à-dire la relation existant entre toutes celles qui étaient sous la puissance d'un même chef de famille ou qui se seraient trouvées sous cette puissance si l'ascendant le plus éloigné ne fût pas mort. Ce lien civil est indépendant du lien du sang, car il peut dériver de l'adoption ou de la *manus*. L'agnation était une parenté plus restreinte que la cognation ; elle était à cette dernière ce que l'espèce est au genre.

Les prohibitions sont les mêmes pour les deux parents ; avec cette différence toutefois que l'agnation pouvant cesser avec le fait qui l'a produite, l'obstacle au *connubium* se trouve levé ; par exemple, un frère peut se marier avec sa sœur adoptive, dès que l'un ou l'autre est sorti de la famille par l'émancipation ; tandis, au contraire, que les rapports résultant de la cognation sont indestructibles,

En ligne directe, la parenté fait obstacle au mariage indéfiniment (1) ; et, par exception aux principes, exception fondée sur un motif de convenances, la rupture du lien de l'agnation laisserait subsister l'empêchement (2).

En ligne collatérale, il y a prohibition au *connubium*, quand l'une des personnes qui se proposent de contracter mariage est à un degré de l'auteur commun (3). Cependant Claude désirant épouser sa nièce, Agrippine, fille de Germanicus, fit décider que l'union entre l'oncle et la nièce, fille du frère, serait désormais permise (4). A en croire l'historien Suétone, dans la vie de Claude, n° 26, personne n'aurait suivi cet exemple ; mais la permission n'en exista pas moins jusqu'à Constantin qui l'abrogea (5). Nous trouvons, à la vérité, au Code une constitution de Dioclétien et de Maximien d'après laquelle le mariage entre l'oncle et sa nièce, fille de son frère, serait prohibé (6) ; mais c'est là une interpolation évidente de Tribonien ; car nous avons le texte original de cette constitution dans la *Collatio legum*

---

(1) D., 23, 2, 53.
(2) Inst., 1, 10, 1.
(3) Ulp., *Fr.*, 5, 6.
(4) *Id.*, et Paul, *Sent.*, 19, 10 et 11.
(5) Cod. Théod., 3, 12, 1.
(6) Code, 5, 4, 17.

Mosaïcarum, et ce texte ne parle pas d'un semblable empêchement.

Justinien, dans ses *Institutes,* fait l'application des principes ci-dessus. Ainsi, il nous apprend que le mariage est défendu en ligne directe entre l'ascendant et un quelconque de ses descendants, même un descendant adoptif qui aurait perdu cette qualité par suite d'une émancipation (1).

En ligne collatérale, les noces sont prohibées entre le frère et la sœur, germains, utérins, consanguins ou adoptifs. Seulement, dans ce dernier cas, l'émancipation fait cesser l'empêchement, « Aussi, » disent les *Institutes,* « si quelqu'un veut adopter son » gendre, il doit préalablement émanciper sa fille ; » inversement, s'il veut adopter sa bru, il doit com- » mencer par émanciper son fils (2). » Autrement le frère et la sœur se trouveraient mariés ensemble (3).

Cependant, si un homme veut adopter ou adroger son gendre, sans émanciper sa fille, et qu'en fait l'adoption ait eu lieu, par suite d'une erreur du magistrat, qui aurait été trompé, le mariage subsistera-t-il ou bien l'adoption est-elle nulle ?

D'après M. Demangeat, le mariage sera dissous. Il est vrai que la tournure de la phrase des *Institutes* citée plus haut semble indiquer une solution contraire ; mais c'est là un argument de peu d'importance. Ce texte, en effet, se borne à énoncer les pré-

(1) Inst., 1, 10, 1.
(2) *Id.,* 1, 10, 2,
(3) D., 23, 2, 17, 1.

cautions à prendre pour adopter son gendre ou sa bru, mais il ne tranche réellement pas notre question. On pourrait invoquer encore contre la dissolution du mariage un passage de Théophile : « Pour adop- » ter son gendre ou sa bru, » dit ce jurisconsulte, » on doit d'abord émanciper sa fille ou son fils ; rien » dans ce cas n'empêchant l'acte d'adoption, si ce » n'est le mariage (1). » Ici encore, il y a lieu de faire les mêmes observations que sur le texte de Justinien. La difficulté subsiste donc tout entière. Mais nous trouvons d'autres textes qui la résolvent très-clairement et qui sont aussi décisifs que les pre- miers le sont peu. C'est d'abord un autre fragment de Théophile, ainsi conçu : « Si quelqu'un veut adop- » ter son gendre, il doit d'abord émanciper sa fille ; » si celui qui a un fils veut adopter sa bru, il doit, » avant tout, émanciper son fils ; s'il ne le fait pas, » l'adoption de son gendre ou de sa bru fera dis- » soudre leurs noces, car les époux sont frère et » sœur (2). » Tryphoninus professe également la même doctrine, comme on peut le voir au § 3 de la loi 67 du titre *de Ritu Nuptiarum*, au Digeste. Ce paragraphe s'occupe d'une question analogue à la nôtre, et à cette occasion le jurisconsulte dit : «Voyons » si le mariage est détruit, comme on le décide pour » le gendre adopté, ou bien si c'est l'adoption qui » est empêchée ? » Ces textes suffisent pour prouver

---

(1) Paraphr. du pr. du tit. 11 des Inst.
(2) Paraphr. du tit. 11 des Inst.

que dans l'espèce proposée le mariage sera dissous
et l'adoption restera valable.

Revenons sur les empêchements au mariage en
ligne collatérale.

Par application de ce principe en vertu duquel il
y a obstacle au *connubium* entre collatéraux dont
l'un est à un degré de l'auteur commun, les lois
prohibent toute union entre un neveu et sa tante ou
sa grand'tante paternelle ou maternelle (1), ou bien
entre un oncle et sa petite-nièce (2). Quant au mariage entre l'oncle et la nièce, fille du frère, nous
venons de voir qu'il avait été autorisé par dérogation
aux règles de la matière.

Je puis épouser la fille de ma sœur adoptive, car
cette jeune fille reste dans la famille de son père et
par conséquent n'est plus ma nièce (3).

Mais puis-je m'unir à la fille de mon frère adoptif? Ici, il y a lieu de faire une distinction. L'adopté
était-il *sui juris*, quand il est entré dans ma famille? Dans cette hypothèse, ses enfants ont suivi
sa nouvelle condition ; sa fille est ma nièce, donc pas
de mariage possible, et peu importe, on le comprend, qu'elle soit née avant ou après l'adrogation.
L'adopté était-il, au contraire, *alieni juris?* Alors je
pourrais épouser la fille qui existait déjà, mais non
celle qui lui surviendrait par la suite.

Le mariage est permis entre cousins, car ils sont

___

(1) D., 23, 2, 17, 2.
(2) *Id.*, loi 39, et Inst., 1, 10, 3.
(3) D., 23, 2, 12, 4.

à plus d'un degré de l'auteur commun (1). Toutefois
les empereurs chrétiens le prohibèrent entre cousins-
germains; mais une constitution d'Arcadius et d'Honorius revint au droit primitif (2).

Si mon grand-père maternel a adopté une femme,
je pourrai me marier avec elle, bien qu'elle soit devenue la sœur de ma mère; en effet, elle n'est pas
entrée dans ma famille; je ne puis jamais avoir de
tante maternelle (*matertera*) par adoption.

Quand le mariage est impossible entre deux parents à un degré trop rapproché, les fiançailles sont
également prohibées; et cela, alors même que la rupture ultérieure du lien civil viendrait lever tout obstacle à l'union matrimoniale. La loi ne voulait pas
que deux collatéraux pussent s'habituer à se regarder comme futurs époux pendant leur agnation
même (3).

II. — *Empêchements résultant de l'alliance.*

L'alliance, *affinitas*, est le lien qui existe entre un
époux et les parents de l'autre. Dans les auteurs latins, on rencontre souvent l'expression *affinitas* pour
désigner la relation entre les parents d'un époux et
ceux de son conjoint. Mais ce n'est pas là la signification juridique de l'alliance.

----

(1) Inst., 1, 10, 4.
(2) Code, 5, 4, 19.
(3) D., 45, 1, 35, 1.

L'alliance résulte exclusivement du mariage ; *affinitatis causa fit ex nuptiis* (1), et se dissout avec l'union qui l'a produite. Toutefois, ce n'est qu'après cette dissolution même que l'ancienne affinité forme empêchement aux justes noces ; car tant que le mariage dure, il ne peut être question d'un nouveau lien, la polygamie étant prohibée chez les Romains (2).

En ligne directe, l'alliance produit un obstacle au *connubium* à l'infini (3).

Ainsi, il est interdit à un homme d'épouser sa belle-fille ou sa bru (*privignam aut nurum*), sa belle-mère ou sa marâtre (*socrum quoque et novercam*) ; et, sous la dénomination de belle-mère, il faut entendre, non-seulement la mère de sa femme, mais aussi son aïeule et sa bisaïeule ; de même l'expression de bru (*nurus*) comprend tout à la fois la femme du fils, celle du petit-fils et de l'arrière-petit-fils ; et enfin, le terme belle-fille (*privigna*), s'applique et à la fille de sa femme, à sa petite-fille et à l'arrière-petite-fille (4).

Quant à l'alliance en ligne collatérale, elle n'est pas, en principe, un obstacle au *connubium*. Par

---

(1) D., 38, 10, 4, 3.

(2) Gai., 1, 63. — Paul, *Sent.*, II, 19, 5. — Inst., 1, 10, 6 et 7.

(3) D., 38, 10, 4, 7.

(4) 23, 2, 14, 4. — Inst., 1, 10, 6 et 7. — Les diverses dénominations latines qui servent à qualifier les parents et les alliés nous montrent la richesse du langage des Romains et sa supériorité sur le nôtre. Tandis, en effet, qu'il nous faut employer de longues locutions pour formuler clairement le rapport de parenté ou d'alliance qui existe

exception, Constantin prohiba le mariage entre beau-frère et belle-sœur (1). Honorius et Théodose confir-mèrent cet empêchement dont on avait tenu peu de compte jusque-là (2).

III. — *Empêchements fondés sur certaines conve-nances morales.*

En matière de mariage, les règles de convenances ne se distinguent pas des prescriptions du droit pur, et sont obligatoires comme elles. *In conjunctio-nibus*, dit Modestin, *non solum quid liceat consi-derandum est, sed et quid honestum sit* (3).

---

entre deux personnes déterminées, une seule expression suffisait aux Romains pour préciser cette relation.

C'est ainsi que pour désigner :

L'oncle paternel, les Romains disaient simple-ment	PATRUUS ;
L'oncle maternel	AVUNCULUS ;
La tante paternelle	AMITA ;
La tante maternelle	MATERTERA ;
Les cousins-germains, fils de deux frères	FRATRES PATRUELES ;
Les cousins-germains, fils de deux sœurs	CONSOBRINI ;
Les cousins nés l'un d'un frère, l'autre de la sœur	AMITINI ;
Le beau-père, dans le sens de père du con-joint, par rapport à l'autre	SOCER ;
Le beau-père, dans le sens de mari de la mère	VITRICUS ;
La belle-mère, mère du conjoint par rapport à l'autre	SOCRUS ;
La belle-mère, l'épouse du père	NOVERCA ;
Le beau-fils, fils de l'un des conjoints, par rap-port à l'autre	PRIVIGNUS ;
La belle-fille, dans le même sens	PRIVIGNA.

(1) Code Théod., loi 2, de Incest. Nupt.

(2) Code, 5, 5, 5.

(3) D., 33, 2, 42.

Ainsi, le concubinat crée une espèce de parenté qui fait obstacle au *connubium*. Par exemple, on ne pourrait pas épouser sa sœur naturelle (1).

Le *contubernium*, c'est-à-dire l'union des esclaves, produit les mêmes effets. Un affranchi ne pourrait contracter de justes noces ni avec sa mère, ni avec sa sœur, ni avec sa nièce (2), bien que ces personnes ne fussent considérées comme cognates entre elles par aucune loi, l'esclavage n'engendrant que des rapports purement naturels.

Le *stuprum* produisait aussi des empêchements au mariage ; ainsi, le père naturel ne pourrait épouser la fille qu'il a eue d'un commerce illicite (*vulgo quæsita*), si sa paternité était démontrée par des circonstances de fait (3).

Le concubinat et le *contubernium* donnent naissance à des relations d'affinité qui entraînent les mêmes obstacles au *connubium* que l'alliance proprement dite ; par exemple, les justes noces sont prohibées entre le fils et la concubine de son père. Une semblable union serait un *stuprum* (4). Et de même que le mariage est impossible entre un beau-fils et sa marâtre, entre un beau-père et sa bru, entre un gendre et sa belle-mère, de même, d'après le jurisconsulte Paul, l'affranchi devait s'abstenir d'épouser la femme qu'un *contubernium* antérieur aurait placée,

---

(1) D., 23, 2, 51.
(2) D., 23, 2, 14, 2.
(3) *Idem*.
(4) Code, 5, 4, 4.

vis à vis de lui, dans une situation analogue à celle de marâtre, de bru ou de belle-mère (1).

C'est en se fondant sur les mêmes motifs de bienséance et d'honnêteté publique que les lois romaines donnent les décisions suivantes :

Je ne puis contracter mariage avec la mère de mon père adoptif, bien que nous ne soyons pas dans la même famille et qu'aucun lien de cognation ne nous unisse, non plus qu'avec sa tante maternelle ou avec sa petite-fille issue de son fils (2). Ces deux dernières interdictions présentées par Gaïus s'expliquent difficilement. Pourquoi ne pourrais-je pas épouser la tante maternelle de mon père adoptif, quand Ulpien décide que j'ai la faculté de me marier avec la propre sœur utérine de ce même père adoptif (3)? Pothier tranche la difficulté, en supposant qu'Ulpien a raisonné en droit strict, tandis que Gaïus n'a consulté que la question de convenance. Maintenant, pourquoi ne pourrais-je m'unir avec la petite-fille de mon père adoptif, issue de son fils (*neptem ex filio*), puisqu'au temps de Gaïus, la constitution de Claude permettait d'épouser la fille de son frère? Pothier prétend qu'il faut lire « *neptem ex filia*, la petite-fille issue d'une fille. »

— Gaïus ajoute que ces prohibitions cesseront après mon émancipation; ce qui ne peut s'entendre que des deux dernières, car la mère de mon père

---

(1) D., 23, 2, 14, 3.
(2) D., 23, 2, 55, 1.
(3) D., 23, 2, 12, 4.

adoptif me tient lieu d'aïeule, et nous savons que les empêchements au mariage entre l'adopté et les personnes qui lui tiennent lieu de parentes en ligne directe survivent à l'adoption même.

— Un fils adoptif, même émancipé, ne peut contracter de justes noces avec celle qui fut la femme de son père adoptif, parce qu'elle lui tient en quelque sorte lieu de belle-mère (1).

On ne peut épouser la femme de son fils adoptif, même après l'émancipation. Un semblable mariage aurait quelque analogie avec celui d'un beau-père et de sa bru (2).

Mais si la femme que j'ai répudiée s'unit ensuite légitimement à Seïus, je puis adroger ce même Seïus, sans que, pour cela, leur union devienne incestueuse (3); car Seïus n'étant devenu mon fils qu'après la rupture de mon mariage, il n'a jamais été le beau-fils de ma femme.

Les justes noces sont encore prohibées entre un fils et la fiancée de son père, bien qu'elle n'ait pas été, à proprement parler, sa belle-mère (4), et réciproquement entre un père et la fiancée de son fils (5).

Même interdiction entre une mère et le fiancé de sa fille (6).

---

(1) D., 23, 2, 14.
(2) *Id.*, § 1.
(3) D., 23, 2, 12.
(4) *Id.*, § 1.
(5) D., 23, 2, 12, 2.
(6) *Id.*, 23, 2, 14, 4, *in fine.*

« Si ma femme, dit Ulpien, épouse un second
mari, après avoir divorcé, et qu'elle ait une fille de
ce mariage, je devrai m'abstenir de l'épouser, bien
qu'elle n'ait jamais été ma belle-fille (1). »

Le *connubium* n'existe pas davantage entre la
femme du beau-fils et le beau-père, non plus qu'a-
vec la belle-mère et le mari de la belle-fille (2).

La morale publique s'opposait également au mariage entre l'affranchi et sa patronne ou ses descendantes (3) ; celle-ci ne devait pas non plus prendre
pour époux l'affranchi de son mari (4). Mais si la
patronne était de basse condition, de semblables
unions n'offraient plus de scandale et étaient tolé-
rées (5) ; c'était donc là une appréciation de fait
laissée aux magistrats. Quant au patron, il pouvait
très-bien se marier avec son affranchie, à moins qu'il
ne fût investi de la dignité de sénateur (6).

Ajoutons enfin qu'il y a empêchement au mariage entre la femme adultère et son complice (7) ;
entre le ravisseur et la personne enlevée (8) : disposition mauvaise qui retire aux deux jeunes gens le
seul moyen de couvrir leur faute et d'effacer le dés-
honneur de la jeune fille !

---

(1) D., 23, 2, 12, 3.
(2) *Id.*, 23, 2, 15, et Inst. 1, 10, 9.
(3) Code, 5, 4, 3.
(4) D., 23, 2, 63, 1.
(5) D., 23, 2, 13.
(6) Code, 5, 4, 15 et 16.
(7) Nov. 134, c. 12.
(8) Code, 9, 13, 1, 1.

IV. — *Empêchements au mariage provenant de l'inégalité des conditions.*

La constitution primitive de Rome était tout aristocratique ; les patriciens et les plébéiens formaient deux castes distinctes, et l'interdiction des mariages entre les membres de l'une et ceux de l'autre rendait toute fusion impossible. Mais au commencement du vi^e siècle, en l'an 310, le tribun *Canuleius* fit rendre une loi qui abolit cette démarcation si soigneusement conservée jusque-là (1).

Les justes noces étaient encore prohibées entre ingénus et affranchis, et ce fut par une espèce de privilège qu'il fut permis à l'affranchie *Fescennia* d'épouser un ingénu (2).

Enfin la loi *Papia Poppæa* permit aux ingénus, excepté aux sénateurs et à leur fils, de prendre des affranchies pour épouses (3).

Les lois *Julia* et *Papia* interdirent aux ingénus de se marier avec des prostituées (4), avec des entremetteuses (5), avec les femmes condamnées par jugement public, c'est-à-dire sur une accusation que tout citoyen avait le droit de porter (6), avec celles qui avaient été surprises en adultère (7), et enfin avec

---

(1) Tite-Live, iv, 6.
(2) *Id.*, xxxix, 19.
(3) D., 23, 2, 23.
(4) D., 23, 2, 43.
(5) *Id.*, § 8.
(6) *Id.*, § 10.
(7) *Id.*, § 12.

les comédiennes (1). — Sur tous ces points, les textes entrent dans de minutieux détails qu'il est inutile de reproduire ici.

Les prohibitions qui frappaient les sénateurs et leurs enfants, relativement à la faculté de contracter mariage, étaient plus nombreuses encore, à cause de la condition élevée de ces dignitaires. D'abord, en leur qualité d'ingénus, ils étaient soumis aux dispositions ci-dessus (2) ; de plus, en vertu de la loi *Julia* il n'y avait pas de *connubium* entre eux et les femmes affranchies, les comédiennes ou leurs filles. Même empêchement entre la fille ou les descendantes d'un sénateur par la ligne masculine et un affranchi, un comédien ou fils de comédien (3).

Toutefois le mariage entre personnes sénatoriales et affranchis pouvait avoir lieu en vertu d'une permission spéciale du prince (4), ou bien lorsque l'empereur avait accordé à l'affranchi soit le *jus annulorum aureorum*, soit la *restitutio natalium* (5). Mais l'adoption d'un affranchi par un ingénu n'aurait pas le même effet (6).

---

(1) Ulp., *fr.*, 13, 2.

(2) D., 23, 2, 40.

(3) D., 23, 2, 41, 1.

(4) D., 23, 2, 31.

(5) D., 40, 10, 3 et 5. — La concession du *jus annulorum* n'était valable qu'avec le consentement du patron ; auquel cas, celui-ci perdait les avantages du patronat, à l'exception de l'hérédité. Ainsi il était dépouillé du *jus operarum*. Quant à la *restitutio natalium*, elle entraînait la perte entière de tous les droits de patronat indistinctement. Aussi, dans cette hypothèse, l'assentiment du patron était-il nécessaire à plus forte raison. (D., 40, 11, et Code, 6, 8, *auth in fine tit.*)

(6) D., 23, 2, 32.

Mais une personne sénatoriale qui avait perdu sa dignité en se prostituant, ou en montant sur le théâtre, ou par suite d'une condamnation publique, puisait dans cette déchéance même la faculté d'épouser un affranchi (1). C'était là d'ailleurs une faculté toute personnelle qui ne passait pas aux enfants du sénateur destitué, car l'indignité du père ne devait pas rejaillir sur ses descendants (2).

Le sénateur qui se serait uni avec une affranchie n'aurait contracté qu'un concubinat; mais cette union pourrait se transformer en justes noces par la perte de la dignité sénatoriale (3).

Toutes ces prohibitions des lois *Julia* et *Papia* cessèrent bientôt d'être rigoureusement observées. L'avilissement des anciens dignitaires, l'esprit d'ambition et de vanité de la basse classe qui aspirait aux conditions supérieures, poussée par je ne sais quel souffle jaloux mais légitime d'égalité, expliquent l'inobservance de ces lois. Les empereurs, voyant avec effroi ces distinctions primitives s'effacer et tomber sous le mépris public, toutes les anciennes institutions s'écrouler, et avec elles le respect d'une autorité dont elles avaient fait la force et assuré le prestige, s'épuisaient en vains efforts pour ranimer par de nouveaux édits des dispositions surannées et rendre la vie à ce cadavre de la société romaine qui s'en allait en dissolution.

---

(1) D., 23, 2, 47.
(2) D., 23, 2, 34, 3.
(3) D., 23, 2, 27.

Constantin confirma les dispositions relatives aux mariages des sénateurs, et les étendit aux duumvirs et aux autres grands personnages (1); il voulut de plus, en assurer l'exécution en y ajoutant une sanction pénale, l'infamie, ce que les lois *Julia* et *Papia* n'avaient pas fait d'une manière expresse (2).

Mais Justinien, épris de la comédienne Théodora, fit rendre par l'empereur Justin, son père adoptif, une loi en vertu de laquelle les comédiennes qui auraient renoncé au théâtre pouvaient contracter mariage, même avec les plus hauts dignitaires de l'Empire (3).

Enfin Justinien, par sa novelle 117, abrogea complétement la constitution de Constantin, en exigeant seulement un contrat dotal, quand les deux époux seraient de condition différente (4).

Ainsi disparurent ces entraves au mariage fondées sur les anciennes distinctions de caste ou de condition sociale. Désormais, chaque citoyen pourra se choisir une épouse dans un rang quelconque de la société. Seule, la différence de religion est encore un obstacle; l'esprit d'intolérance que le christianisme vainqueur avait amené avec lui, fit interdire les mariages entre chrétiens et juifs, ainsi que nous l'ap-

---

(1) Code, 5, 27, 1.

(2) L'infamie était l'état d'un citoyen qui avait perdu ses droits politiques (*honores et suffragium*), tout en conservant ses droits civils en général.

(3) Code, 5, 4, 23.

(4) Ch. 6.

prend une constitution des empereurs Honorius et
Arcadius, insérée au Code de Justinien (1).

V. — *Empêchements au mariage résultant de la tutelle ou de la curatelle.*

L'interdiction des justes noces entre un tuteur, un
curateur ou les enfants de l'un et de l'autre, et la
femme qui a été en tutelle ou en curatelle était fondée sur un double motif : d'abord sur la crainte
d'une pression ou d'un abus d'autorité du tuteur (ou
du curateur) sur la jeune fille, pour se faire accep-
ter comme mari, lui ou son fils; ensuite sur la trop
grande facilité avec laquelle, profitant de sa nouvelle situation de mari ou de beau-père, il aurait
pu se dispenser de rendre ses comptes, ou se permettre d'en rendre d'inexacts, tout en écartant de
lui tout danger d'une *restitutio in integrum*. Ce dernier motif est celui qui a dominé principalement l'esprit des jurisconsultes.

La prohibition du mariage entre tuteur et pupille
n'était pas absolue. L'union pouvait avoir lieu, quand
la jeune fille avait été fiancée au tuteur par son père
vivant, ou lui avait été destinée par le testament de
celui-ci (2).

Ce que nous disons du tuteur et de son fils s'applique également au curateur et à son fils. La plupart

---

(1) Code, 1, 9, 6.
(2) D., 23, 2, 36.

des textes des Pandectes relatifs à cette matière ne parlaient que du tuteur, car du temps des jurisconsultes, auteurs de ces textes, les femmes n'étaient pas en curatelle, mais en tutelle perpétuelle. Tribonien, pour faire concorder ces dispositions avec le droit en vigueur sous Justinien, intercala partout les mots *vel curator*.

Le tuteur et son fils avaient encore la faculté d'épouser l'ex-pupille, dès que celle-ci avait atteint sa vingt-sixième année (1), c'est-à-dire dès qu'elle avait laissé passer les délais pendant lesquels elle aurait pu se faire restituer en entier contre le compte de tutelle. Ce délai était d'abord d'un an. Justinien le prolongea de trois ans, et alors la prohibition au mariage ne put être levée qu'après l'accomplissement de la vingt-neuvième année (2).

Les obstacles au *connubium* entre le tuteur et la pupille ont été introduits par un sénatus-consulte rendu sous les empereurs Marc-Aurèle et Commode.

Voyons quels sont précisément ceux auxquels s'applique ce sénatus-consulte.

Thryphoninus nous apprend qu'il est applicable au curateur de l'enfant à naître aussi bien qu'à un tuteur ordinaire (3).

Celui qui se serait fait dispenser de la tutelle en alléguant de faux motifs serait responsable de cette fraude et par suite garant de l'action de tutelle ;

---

(1) D., 23, 2, 66.
(2) Code, 2, 53, 7.
(3) D., 23, 2, 67, 1.

aussi, était-il compris dans l'esprit du sénatus-consulte (1). Mais celui qui, étant garant de la même action, ne serait pas principal obligé, telle que la caution du tuteur, ne serait pas soumis à la prohibition du mariage avec la pupille (2).

Le tuteur honoraire, qui ne peut compter ce titre comme cause d'excuse, est responsable de la mauvaise administration qu'il a soufferte, et partant le sénatus-consulte lui est applicable (3).

Même décision pour celui à qui on a conféré une tutelle, et qui a refusé d'administrer (4).

Un tuteur veut se faire exempter de la tutelle; pendant les délais de l'affaire, la pupille atteint sa puberté; pourra-t-il l'épouser? La question se réduit à savoir si le tuteur peut encore faire admettre son exemption après cette majorité ; car s'il en a le droit et si sa prétention est reconnue fondée, rien ne s'opposera à son mariage avec sa pupille. Que si, au contraire, ce droit lui est refusé, il sera obligé, pour procéder à cette union, d'attendre l'expiration des délais de la *restitutio in integrum*. Sur ce point délicat, les jurisconsultes Papinien et Paul sont en désaccord. Suivant le premier, la tutelle étant terminée, il n'y a plus lieu d'admettre la dispense proposée, et le tuteur est comptable du temps pendant lequel il aurait dû gérer. Paul ne partage pas cette

---

(1) D., 23, 2, 60.
(2) D., § 1.
(3) D., § 2.
(4) D., 23, 2, 60, 3.

opinion, il lui semblerait injuste que les délais qui ne sont peut-être pas un effet de la mauvaise foi, mais de la nécessité, fissent rejeter l'examen des motifs du tuteur et s'opposassent à son mariage avec sa pupille (1).

Faudrait-il placer sur la même ligne que le tuteur celui qui en aurait usurpé les fonctions? En conséquence y aurait-il lieu à la nullité de mariage contracté entre la pupille et le fils de cet usurpateur? Les empereurs Léon et Anthemius décident que l'union serait valable, afin d'éviter les chicanes et les subtilités au moyen desquelles on pourrait attaquer les mariages, si on admettait la solution contraire (2).

Notre sénatus-consulte s'applique non-seulement au fils, mais aussi au petit-fils du tuteur (3). Il comprend même les enfants qui sont sortis par adoption de la famille du tuteur (4). La prohibition frappe encore l'enfant que l'affranchi chargé de la tutelle aurait eu pendant sa servitude et qui serait ensuite devenu libre (5). Il faut y joindre également les fils adoptés, mais seulement tant que dure l'adoption (6).

L'obstacle au *connubium* entre la pupille et le fils du tuteur subsiste après le décès de ce tuteur; et cela quand même le fils ne serait pas héritier; par

---

(1) D., § 4.
(2) Code, 5, 6, 8.
(3) D., 23, 2, 59.
(4) D., 23, 2, 60, 7.
(5) Code 5, 6, 4.
(6) D., 23, 2, 60, 6.

exemple, s'il s'est abstenu de la succession, o s'il
a été exhérédé, ou s'il a été omis dans le testament,
ou bien enfin s'il a été émancipé; car, peut-être le
fils écarté ostensiblement de l'hérédité a reçu les biens
paternels en secret; et alors il répond sur ces biens
des suites de la tutelle (1).

Si une mineure de vingt-cinq ans épouse le fils de
son curateur avant que celui-ci ait administré comme
tel, le mariage est valide. Ainsi le déclare Alexandre
dans un rescrit, en conseillant toutefois de choisir un
autre curateur pour remplacer le premier (2).

Que faudrait-il décider si Titius, après avoir épousé
votre ex-pupille, vous était donné en adoption? L'a-
doption serait-elle empêchée? Thryphoninus penche
pour l'affirmative, s'il s'agit d'un curateur qui adopte
le mari de sa pupille pendant sa gestion, mais la
négative lui semble mieux fondée s'il s'agit d'un ancien tuteur, étranger à la curatelle; car la crainte
qu'il n'y eût là une manœuvre destinée à entraver
la reddition du compte de tutelle serait exagérée (3).
Mais, dans notre espèce, si l'adoption est valable,
que devra-t-on décider du mariage lui-même?
Sera-t-il dissous? Le jurisconsulte n'en dit rien,
mais il nous paraît difficile d'admettre cette dissolution.

L'esprit du sénatus-consulte étant d'empêcher la
spoliation des pupilles par ceux qui doivent leur ren-

____

(1) D., 23, 2, 67,
(2) Code 5, 6, 3,
(3) D., 23, 2, 67, 3.

dre les comptes de tutelle, on allait jusqu'à étendre.
sa prohibition aux héritiers du tuteur, quels qu'ils
fussent, fils, collatéraux ou même étrangers (1).

Paul était plus rigoureux encore; il ne permettait
pas qu'un curateur mariât son affranchi avec sa pupille (2).

L'interdiction d'épouser une pupille ne s'étend pas
à sa fille. En effet, la loi 67, § 5 de notre titre
s'exprime ainsi : « Titius a géré la tutelle d'une pu-
» pille; celle-ci est morte avant de recevoir ses
» comptes, en laissant une fille pour héritière. Titius
» peut-il marier son fils avec cette dernière? Oui,
» car le compte de tutelle n'est plus qu'une simple
» dette héréditaire ; autrement il serait défendu à un
» débiteur d'épouser sa créancière, ou de la faire
» épouser par son fils. » — Mais ici on peut se demander pourquoi l'héritier externe du tuteur n'a pas
la faculté de s'unir avec celle qui a été en tutelle;
il semble cependant qu'il y ait même raison de permettre le mariage que dans l'espèce précédente. Cet
héritier, lui aussi, n'est tenu que d'une dette héréditaire. Pourquoi cette différence? D'après la glose
le motif serait celui-ci : c'est que l'héritier doit rendre compte de la même manière que le tuteur, il se
trouve soumis aux mêmes obligations, et par suite sa
dette est garantie par un privilége ; tandis que la
fille de la pupille, elle, n'a pas cette même garantie :

---

(1) D., 23, 2, 64, 1.
(2) D., 23, 2, 37.

non enim causæ sed personæ succurritur, quæ me-
ruit præcipuum favorem (1).

Le sénatus-consulte qui interdit le mariage du tuteur et de son fils avec la jeune fille en tutelle, garde
le silence sur la question de savoir si un pupille
peut épouser la fille de son tuteur. Mais les textes
décident positivement que cette union est permise (2).

Par exception au sénatus-consulte, un aïeul tuteur
de sa petite-fille née d'un fils émancipé pourrait la
donner en mariage à son petit-fils, cousin de la jeune
fille; car, dans cette hypothèse, l'affection du grand-
père est une garantie suffisante contre la fraude (3).

Faut-il admettre une autre exception en faveur
de la pupille qui a renoncé à la succession de son
père? Non, car cette renonciation ayant dû être faite
avec l'*auctoritas* du tuteur, celui-ci en est responsable et devra en rendre compte ; par conséquent il
sera condamné à une indemnité, dans le cas où il y
aurait eu préjudice causé. Au surplus, alors même
que ce tuteur se serait entouré des conseils les mieux
éclairés, et aurait eu recours à la juridiction préto-
rienne pour cette renonciation, il n'en faudrait pas
moins maintenir la règle du sénatus-consulte. Cette
interdiction est absolue et ne distingue pas entre le
bon administrateur et le tuteur infidèle.

(1) D., 26, 7, 42.
(2) D., 23, 2, 64, 2, et Code, 5, 6, 5.
(3) D., 23, 2, 67, 1.

VI. — *Empêchements au mariage fondés sur l'exercice de certaines fonctions administratives.*

La puissance presque absolue des gouverneurs de provinces, les excès et les concussions de tout genre des Verrès et de tant d'autres proconsuls, excès facilités par l'éloignement de la métropole et l'impossibilité, de la part de celle-ci, d'une surveillance active et vigilante sur tant de pays divers, inspiraient à Rome une défiance continuelle contre ces agents délégataires de son autorité. Le contrôle du Sénat et du prince sur l'administration extérieure, la prudence dans le choix des administrateurs, les limites restreintes apportées à la durée de leur pouvoir étaient autant de précautions destinées à prévenir les empiétements de ces fonctionnaires et les velléités d'indépendance qu'auraient pu leur suggérer l'ambition personnelle et la trop longue habitude d'un arbitraire sans bornes. Les susceptibilités de l'ombrageuse politique romaine allaient plus loin encore : craignant que les gouverneurs ne s'attachassent par de riches et puissantes alliances au pays à la tête duquel ils avaient été placés temporairement, que par ce moyen ils n'y missent à profit leur influence dangereuse pour lever l'étendard de la révolte et se soustraire à la domination, Rome avait formellement prohibé toute espèce de mariage entre l'administrateur d'une province et une femme originaire de la même province ou qui y serait domiciliée (1).

---

(1) D., 23, 2, 38.

Une autre raison de cette prohibition, c'est la protection à accorder à la jeune fille à laquelle un gouverneur, abusant de son autorité, voudrait arracher un consentement plus ou moins entaché de violence.

D'après Cujas, dont Pothier adopte l'opinion, l'origine seule indépendamment de la résidence ne suffisait pas pour motiver cette interdiction. Mais c'est là, sans doute, une interprétation arbitraire, en présence des termes formels dont se sert le jurisconsulte Paul : *Si quis officium in aliqua provincia administrat, inde oriundam vel ibi domicilium habentem, uxorem ducere non potest.* D'ailleurs, la personne originaire de la province où elle ne réside plus ne peut-elle pas y avoir ses affections, des parents, une famille sur laquelle s'exerceraient au besoin la pression et les influences du gouverneur ?

Paul ajoute : « Rien ne s'oppose à ce qu'il se » fiance avec elle, parce que si la femme veut ré» tracter ses fiançailles, quand il aura cessé ses fonc» tions, elle pourra user de cette faculté, en rendant » seulement les arrhes qu'elle aura reçues (1). »

Et même, selon une constitution de Gratien, de Valentinien et de Théodose, elle n'était pas obligée de les restituer (2). Ces deux décisions dérogent au droit commun, d'après lequel la fiancée, quand des arrhes lui avaient été données, ne pouvait se dédire qu'à charge de restitution quadruple (3)

---

(1) Même loi 39,
(2) Code, 5, 2, 1,
(3) Code Th., 3, 10, 1.

L'obstacle au *connubium* dont nous nous occupons s'appliquait non-seulement aux proconsuls, mais à tous ceux qui exerçaient quelque fonction dans la province. Le mariage contracté contrairement à la prohibition serait nul.

Le fils du fonctionnaire est soumis à la même règle que son père (1); sa fille, au contraire, peut se marier avec un habitant de la province (2).

Une exception existe en faveur de celui qui avait été fiancé depuis longtemps dans la province qu'il administre; celui-là pourra y épouser sa fiancée (3).

L'empêchement cesse avec les fonctions qui l'ont motivé. En conséquence, si depuis l'expiration de ses pouvoirs, un administrateur persévère dans une union contractée avec une femme de sa province, son mariage deviendra légitime, et les enfants qu'il aura dans la suite, mais ceux-là seulement, jouiront des bénéfices de la légitimité (4). L'union antérieure était une sorte de *stuprum*, car les deux parties avaient l'intention formelle de se prendre pour mari et pour épouse, ce qui était une violation flagrante des lois. Si, au contraire, il se fût agi d'un simple concubinat, le mariage véritable qui aurait suivi aurait eu l'effet de légitimer les enfants déjà nés (5).

Il nous reste à voir une autre classe d'empêchements au mariage que nous croyons devoir ranger

---

(1) D., 23, 2, 57.
(2) D., 23, 2, 38, 2.
(3) Même loi, § 1.
(4) D., 23, 2, 65, 1, et Code, 5, 4, 6.
(5) Inst., 1, 10, 13.

dans un appendice au paragraphe 3, à cause de leur nature spéciale qui les différencie de ceux que nous avons examinés jusqu'ici.

Dans toute question de ce genre, en effet, il faut considérer deux personnes, les deux personnes qui se proposent de s'unir, *Primus* et *Prima*. Si les justes noces sont impossibles entre elles, l'incapacité peut être relative des deux côtés, c'est-à-dire que *Primus* aussi bien que *Prima* ont la capacité générale de se marier, mais que cette faculté leur est refusée s'ils veulent précisément contracter mariage l'un avec l'autre; alors il est vrai de dire que *Primus* n'a pas le *connubium* avec *Prima*, et réciproquement que *Prima* n'a pas le *connubium* avec *Primus*.

Nous avons vu tous les empêchements de ce genre dans notre paragraphe 3. Mais il pourrait arriver aussi que *Primus* eût la capacité générale de se marier et que *Prima*, elle, fût complétement incapable, à cet égard, pour des motifs divers, par exemple parce qu'elle est pérégrine, dans le droit primitif, ou parce qu'elle est engagée dans les liens d'un premier mariage, ou enfin pour d'autres causes que nous examinerons; dans cette hypothèse, l'incapacité de *Primus* est bien relative, mais celle de *Prima* est absolue; elle existe vis-à-vis de tout le monde. Alors, ce serait s'exprimer d'une manière inexacte que de dire : *Prima* n'a pas le *connubium* avec *Primus*; car, nous le savons, *connubium* signifie incapacité relative, et, ici, chez *Prima* l'obstacle au justes noces est absolu. Au contraire, on est en droit de dire, selon nous, que *Primus*, lui, n'a pas le *connubium* avec *Prima*, puisque, du côté de *Primus*, l'empêchement qui s'oppose à son union légitime avec *Prima* est purement relatif à cette dernière. C'est ainsi que dans notre paragraphe, en parlant des obstacles au mariage, nous avons dit qu'un Romain ne pouvait s'unir à une pérégrine ; que, dans ce cas, le Romain n'avait pas le *connubium* avec elle. C'était là un langage exact ; mais c'eût été pécher contre cette exactitude si nous eussions ajouté que la pérégrine n'avait pas le *connubium* avec le Romain. Cette hypothèse est du reste la seule de notre paragraphe où l'obstacle aux justes noces provenait d'une incapacité absolue de l'une des parties ; dans toutes les autres espèces, les empêchements étaient relatifs des deux côtés.

Nous allons maintenant nous occuper des cas où il y a prohibition absolue au mariage chez l'une des parties, mais chez l'une d'elles seulement ; et comme alors, ainsi que nous venons de le faire remarquer, on peut dire, en considérant l'autre partie, qu'il y a pour cette dernière obstacle au *connubium* ces divers cas doivent naturellement se ranger sous notre paragraphe 3, où il est question du *connubium* en général. Toutefois ils feront l'objet d'un appendice spécial, puisqu'ils se distinguent profondément de ceux que nous avons déjà examinés, lesquels, en effet, supposent tous des empêchements relatifs des deux côtés (1).

____

(1) A l'exception, cependant, de l'hypothèse où il est question de

APPENDICE.

Ces diverses causes d'empêchements sont fondées sur l'absence du droit de cité, sur l'existence d'un premier mariage, sur l'adultère, sur une certaine incapacité spéciale à l'affranchie, sur l'engagement dans les ordres ecclésiastiques.

Quant à la première de ces causes, nous en avons déjà parlé au commencement du paragraphe, et nous n'y reviendrons pas, Il eût été sans doute plus logique de la réunir à toutes celles comprises dans cet appendice, mais nous avons cru devoir déroger à cette règle de logique et présenter la question immédiatement en abordant la matière du *connubium*, afin de la mettre ainsi plus en relief, en raison de l'importance qu'avait le droit de cité chez les premiers Romains.

I. — *Empêchement fondé sur l'existence d'un premier mariage.*

En droit romain, la polygamie n'était pas admise; on ne pouvait contracter un second mariage avant la dissolution du premier (1).

La captivité de l'un des conjoints lui faisant perdre la qualité de citoyen romain, et les justes noces ne

---

l'union d'un Romain avec une pérégrine. Nous indiquons plus loin les motifs de cette exception.

(1) Inst., 1, 10, 7.

pouvant exister qu'entre citoyens, cette captivité en‑
traînait la destruction du lien matrimonial, dans la
rigueur des principes (1).

Cependant la loi 6 du titre *de Divortiis*, au Di‑
geste, nous apprend que les femmes dont les maris
sont au pouvoir de l'ennemi ne peuvent convoler en
secondes noces, à moins qu'elles ne présentent un
motif de répudiation. Le même texte ajoute que s'il
y a incertitude sur l'existence du mari, la femme
pourra procéder à une nouvelle union, après un laps
de cinq ans depuis la disparition de son conjoint.
Ces décisions s'appliqueraient de même au mari, si
c'était l'épouse qui fût en captivité.

Ces dispositions, qui dérogent à la doctrine du
droit primitif, pourraient bien n'être que le résultat
d'une interpolation de Tribonien, destinée à mettre la
loi 6 en harmonie avec les idées de Justinien sur l'in‑
dissolubilité du mariage. Telle est, du moins, l'opi‑
nion de Cujas. Et, en effet, la novelle 22 formule la
même théorie et semble, d'après ses termes, l'énon‑
cer pour la première fois.

Justinien alla plus loin encore dans sa novelle 117
(ch. 11), car il exigea, pour que la femme pût con‑
tracter un second mariage, la preuve positive du
décès du mari. Montesquieu critique l'exigence de
cette loi : « Justinien, dit-il, avoit en vue l'indisso‑
» lubilité du mariage ; mais on peut dire qu'il l'avoit
» trop en vue. Il demandoit une preuve positive,

---

(1) D., 24, 2, 1.

» lorsqu'une preuve négative suffisoit ; il exigeoit
» une chose très-difficile, de rendre compte de la des-
» tinée d'un homme éloigné et exposé à mille acci-
» dents ; il présumoit un crime, c'est-à-dire la déser-
» tion du mari, lorsqu'il étoit si naturel de présumer
» sa mort. Il choquoit le bien public en laissant une
» femme sans mariage ; il choquoit l'intérêt particu-
» lier en l'exposant à mille dangers. »

II. — *Empêchement au mariage fondé sur l'adultère.*

Le sens juridique du mot *adultère* en droit romain
est plus restreint qu'en droit français. C'est le commerce d'une femme mariée avec un autre homme
que son mari ; mais le commerce d'un homme marié
avec une femme libre n'est pas qualifié d'adultère (1).

L'épouse condamnée pour ce délit, ou seulement
accusée, ne peut se marier ni avec son complice, ni
avec un tiers (2). Son mari même ne peut la reprendre après cette condamnation (3). Mais si son
innocence a été reconnue, ou si elle a obtenu le par-
don de son conjoint, avant toute condamnation, elle
peut contracter un nouveau mariage, soit avec son
mari lui-même, soit avec un étranger (4).

III. — *Empêchement dérivant d'une incapacité*
particulière aux affranchies.

Une esclave que son maître a affranchie pour l'é-

---

(1) D., 50, 16, 6, 1.
(2) D., 23, 2, 26.
(3) Code, 9, 9, 2, 17.
(4) D., 23, 2, 34, 1.

pouser ne peut contracter de justes noces qu'avec son patron, à moins que celui-ci n'ait renoncé à la prendre pour femme (1).

Si un fils de famille a donné la liberté à une esclave, par l'ordre de son père et en vue du mariage de ce dernier avec elle, c'est comme si le père lui-même eût conféré la manumission. En conséquence, le père aura le droit de l'épouser (2).

L'affranchie mariée avec son patron ne peut pas demander le divorce. Toutefois, s'il y a eu séparation de fait, le divorce existe en réalité; mais on lui refuse l'action en répétition de sa dot. On peut donc dire qu'elle ne peut pas convoler en secondes noces, tant que son patron persiste à la vouloir pour épouse. Si donc elle s'unit à un tiers, ce mariage sera réputé non avenu (3).

Un homme se prétend le patron d'une affranchie et, en cette qualité, lui réclame des services (*operæ*); si, sur la délation de serment qui lui est faite à cet égard, il affirme être patron, ce serment lui profitera, à la vérité, pour exiger les services demandés, mais lui donnera-t-il le droit d'empêcher l'affranchie de divorcer ou d'en épouser un autre, quand elle sera devenue sa femme? La négative résulte de la loi 45 de notre titre, *de Ritu nuptiarum*.

Si j'ai contracté mariage avec la femme que j'ai affranchie, en vertu d'un fidéicommis, cette femme,

---

(1) D., 23, 2, 51.
(2) D., § 1.
(3) D., 24, 2, 11, et Code, 5, 5, 1,

dit Marcellus, pourra s'unir en secondes noces à un tiers, malgré moi. Le motif de cette décision, c'est que j'étais obligé de donner la liberté à cette esclave ; je ne lui ai donc fait aucune grâce en lui conférant la manumission (1).

Un texte d'Ulpien, toutefois, semble tout à fait contradictoire à celui de Marcellus, car Ulpien ne fait pas de distinction entre le patron ordinaire et celui qui avait acheté l'esclave sous la condition de l'affranchir (2).

Pothier concilie ces deux textes au moyen de la règle suivante : « Il faut s'assurer, dit-il, si le patron » a véritablement cette qualité ; ce qu'il faut admettre » pour celui qui a acquis l'esclave de ses propres » deniers, bien qu'il ne l'ait achetée que sous condi- » tion d'affranchissement. Il en serait autrement si » on lui avait donné gratuitement cette femme avec » la même condition. »

Le droit du mari, patron, existe-t-il s'il s'agit d'une affranchie commune ? Javolénus enseigne la négative, en s'appuyant sur cette idée que l'affranchie n'était pas entièrement l'esclave du maître, puisqu'elle était aussi la propriété d'un autre. Mais plusieurs juris- consultes donnent une solution contraire; car, bien qu'étant également l'affranchie d'un tiers, cette femme n'en est pas moins celle du mari (3).

Soit que le patron lui-même ou son fils, soit que

---

(1) D., 23, 2, 50.
(2) D., 23, 2, 45.
(3) D., 23, 2, 46.

le fils de l'un des patrons, s'ils sont deux, ait épousé l'affranchie, elle ne peut se marier à un autre malgré son mari (1). « Toutefois, dit la loi 48, si l'af-
» franchie a été assignée à un des fils du patron et
» qu'un autre l'ait épousée, ce dernier n'a pas à cet
» égard la même prérogative que le patron; car tous
» les droits sur les affranchis assignés appartiennent
» à celui à qui le père les a assignés (2). »

La loi qui permet au patron de s'opposer au second mariage de l'affranchie qu'il a épousée ajoute, comme nous le savons : « *quandiu patronus eam uxo-*
» *rem esse volet.* » Si donc il cesse de la vouloir pour femme ou d'être son patron, il perd le bénéfice de la loi (3).

Ainsi, cette qualité de patron est détruite si le mari tombe en servitude à Rome. La captivité chez l'ennemi devrait produire le même effet, d'après la rigueur des principes; mais nous avons vu plus haut qu'à l'égard du mariage la captivité ne déliait plus les conjoints (4).

Maintenant, quand devrons-nous dire que le mari a cessé de vouloir l'affranchie pour épouse ? Quand il aura manifesté cette volonté, soit expressément, soit tacitement; par exemple, s'il recherche une autre femme en mariage, ou même s'il prend une concu-

---

(1) D., 23, 2, 48, pr.
(2) § 2.
(3) D., 24, 2, 11, 1.
(4) D., 23, 2, 45, 6.

bine ; car on ne pouvait avoir à la fois une concubine et une épouse légitime (1).

D'après Ulpien, la prohibition du mariage de l'affranchie, malgré son patron, s'appliquerait non-seulement à l'hypothèse dans laquelle le patron s'est marié avec son esclave, mais aussi quand il l'a prise simplement pour concubine (2).

Mais notre prohibition ne s'étend pas au cas où l'affranchie n'aurait été que fiancée à son patron. Elle pourrait épouser un tiers, après avoir dénoncé sa renonciation à ses fiançailles (3).

Ajoutons enfin, pour terminer la matière des empêchements au mariage, que les lois *Julia* et *Papia* défendaient les justes noces aux femmes âgées de plus de cinquante ans et aux hommes sexagénaires. Mais nous avons dit plus haut que ce n'était probablement pas là un empêchement proprement dit, mais une limitation d'âge fixée pour l'exemption des peines du célibat ; en ce sens que les déchéances prononcées contre les célibataires continueraient de frapper ceux qui auraient contracté un mariage tardif, à un âge où l'on ne peut plus en attendre l'effet. Justinien abrogea cette disposition (4).

Sous cet empereur, l'engagement dans les ordres sacrés était encore une cause d'empêchement (5).

---

(1) D., 24, 2, 11, 2.
(2) D., 23, 7, 1.
(3) D., 23, 2, 45, 4.
(4) Code, 5, 17, 27.
(5) Code, 1, 3, 44.

CHAPITRE III.

De la sanction des empêchements au mariage.

Tout mariage contraire aux lois civiles ou naturelles est un inceste chez les Romains. Il y a deux espèces d'incestes : l'inceste d'après le droit des gens : c'est l'union criminelle de parents en ligne directe, et l'inceste simple ou union illicite contractée au mépris des autres interdictions du droit civil. Dans cette dernière hypothèse, si le mariage a eu lieu *palam*, publiquement, le législateur suppose la bonne foi et l'erreur chez les conjoints et use d'indulgence à leur égard ; si, au contraire, les parties ont agi clandestinement, *clam*, elles seront frappées avec plus de sévérité (1).

La loi 57, § 1, nous donne un exemple de l'indulgence accordée à l'erreur. Elle nous apprend que Marc-Aurèle et Lucius Verus, prenant en considération la longue durée d'un mariage entre la nièce et l'oncle maternel, et touchés de la bonne foi des conjoints, accordèrent le bénéfice de la légitimité aux enfants issus de cette union. C'est là, on le voit, un mariage putatif, comme celui de nos articles 201 et 202 du Code Napoléon. Mais la décision de la loi 57 est toute spéciale en droit romain et ne doit pas être généralisée.

---

(1) D., 23, 2, 68.

Antonin le Pieux, cependant, vint aussi au secours d'un sénateur qui avait, par surprise, contracté un mariage illicite avec une affranchie. Celle-ci
s'était fait passer pour ingénue et avait apporté une
dot dont le mari devait garder une partie à titre de
gain de survie. Le mariage étant anéanti, la dot
se trouve nulle ; mais, eu égard à l'erreur excusable
du sénateur, l'empereur lui accorda l'action de dol
contre l'affranchie. Ce rescrit d'Antonin forma la
loi 58 de notre titre ; le texte est loin d'être clair.
Nous avons donné ici l'interprétation de la glose.

La sanction des unions adultérines ou formées
entre parents au degré prohibé consistait d'abord
dans la nullité même du mariage. La dot était con-
fisquée (1). Le fisc revendique également les donations entre époux, à moins que les conjoints n'aient
été trompés par des circonstances excusables, ou
qu'ils n'aient fait que céder à l'entraînement de
l'âge, et pourvu que, parvenus à l'âge légitime, ils
aient dissous leur union sans aucun délai (2). Telle
est la disposition d'un rescrit de Valentinien, Théodose et Arcadius, disposition postérieure à Caracalla,
et qui ne s'expliquerait pas avant ce prince, car c'est
lui qui rendit les donations entre époux simplement
révocables, de nulles qu'elles étaient auparavant.

Justinien prononça la confiscation de tous les biens
quand les conjoints étaient de mauvaise foi. Mais

---

(1) D., 23, 2, 52.
(2) Code, 5, 5, 4.

s'ils avaient des enfants légitimes, leurs biens passaient à ces enfants, à la charge de fournir des aliments à leurs parents (1).

La loi *Julia* nous apprend que l'erreur de droit était pardonnée à la femme ; mais l'homme subissait la peine de l'adultère (2), c'est-à-dire la relégation et la privation de la moitié de ses biens, ou la peine de l'inceste, qui est la déportation dans une île, entraînant la perte des droits de citoyen (3). La femme n'était frappée de la peine de l'inceste que quand il y avait inceste du droit des gens (4).

Nous savons que les lois *Julia* et *Papia* prohibaient les justes noces entre sénateurs ou ingénus et certaines personnes déterminées. Le mariage qui aurait eu lieu au mépris de ces lois était-il frappé de nullité ? Non, la loi *Julia* ne prononce pas la nullité ; seulement elle refuse à ce mariage certains avantages. Ainsi les conjoints n'ont pas le *jus capiendi* (5).

Un sénatus-consulte rendu sous Marc-Aurèle et Commode vint aggraver cet état de choses et déclarer la nullité absolue (6).

L'union contractée entre un homme du peuple et une affranchie serait-elle rescindée par l'élévation du mari à la dignité sénatoriale ? Justinien a voulu que le ma-

---

(1) Nov., 12, ch. 1 et 2.
(2) Paul, *Sent.*, 2, 10, 15.
(3) Paul, *Sent.*, 2, 10, 5.
(4) D., 48, 5, 38, 9.
(5) Ulp., *Fr.* 16, 2. — Vat., *Fr.* 168.
(6) D., 23, 2, 16.

riage fût respecté et conservât toute sa force (1).

Qu'arriverait-il si un tuteur ou un curateur avait épousé sa pupille ou l'avait fait épouser par son fils avant qu'elle n'ait atteint sa vingt-sixième année ?

Paul décide qu'il n'y aurait point de mariage, que le prétendu mari encourrait l'infamie et serait puni selon la dignité de la pupille (2). S'il s'agissait d'un affranchi tuteur qui aurait pris pour femme sa pupille ou qui l'aurait donnée comme telle à son fils, cet affranchi serait soumis à la peine de la relégation (3).

Dans tous les cas, il y aurait lieu à la répétition de dot (4). L'action donnée à la femme est la *condictio sine causa* ; car, puisqu'il n'y a pas de mariage, il ne peut pas y avoir de dot.

Ajoutons que le tuteur, le curateur, ou le fils de l'un d'eux, coupable de cette union illicite, est frappé de l'incapacité de recevoir de la pupille par testament ; mais celle-ci n'encourt pas la même déchéance vis-à-vis de son conjoint, *quod imputari non potest mulieri quæ a tutore decepta est* (5).

Si un fonctionnaire a épousé une jeune fille de la province qu'il administre, le mariage est nul ; tout ce qui a été laissé par testament au mari est confisqué. La femme, au contraire, pourra recueillir les

____

(1) Code, 5, 4, 28.
(2) D., 23, 2, 66.
(3) D., 23, 2, 64.
(4) Code, 5, 6, 7.
(5) D., 30, 1, 128.

libéralités à elle faites par testament, à l'exemple de
la pupille mariée au tuteur ; de plus, sa dot lui sera
rendue à elle ou à ses héritiers. Ces décisions résul-
tent de deux textes du Digeste qui ne présentent aucune obscurité (1).

Remarquons que, dans notre hypothèse et dans
celle du mariage illicite d'un tuteur avec sa pupille,
la femme est traitée avec une certaine faveur tout
exceptionnelle. En effet, il est de principe que, dans
une union contractée au mépris des lois, tout ce que
se sont donné les époux doit être dévolu au fisc (2).
Mais dans les espèces précédentes, cette règle eût
été trop rigoureuse. « Ceux-là sont coupables qui
» se marient contrairement aux lois, dit Marcien,
» c'est avec raison qu'on les frappe, mais on ne
» saurait adresser aucun reproche à la femme que
» son tuteur a trompée (3). » Le même motif d'indulgence peut être donné pour la provinciale ;
toutefois, selon Cujas, il faut pour cela qu'elle soit
mineure de vingt-cinq ans. Dans le cas contraire,
elle se verrait enlever ce qu'elle aurait reçu par testament de son prétendu mari.

La loi 63 de notre titre, qui autorise la femme
mariée illicitement au président de sa province à recueillir les legs qu'il lui a faits, suppose effectivement
que cette provinciale est une jeune fille (*virgo*).

Mais nous l'avons dit, dans les mariages illégi-

---

(1) D., 23, 2, 63 et 24, 0, 2, 1 et 2.
(2) D., 35, 11, 1, pr. — 34, 9, 13. — 33, 2, 27.
(3) D., 30, 1, 100.

times autres que ceux contractés par la pupille et la provinciale, les libéralités et la dot sont confisquées. Le trésor public une fois entré en possession de ces biens ne les restitue jamais, alors même que plus tard l'union serait devenue légitime (1). N'était il pas nécessaire avant tout de subvenir aux immenses besoins de l'État qui étouffait sous le poids d'une centralisation excessive ? Aussi, depuis la chute de la République et la décadence de l'Empire, le législateur édictait-il tous les jours de nouvelles pénalités pécuniaires, sources de revenus considérables pour le Trésor en détresse. Il fallait bien satisfaire le luxe et les fantaisies coûteuses des princes, payer les courtisans et tous les membres parasites de plus en plus nombreux dans cette société en dissolution, acheter des dévouements à tout prix, gorger de richesses un sénat inutile, mais complaisant, avide et corrompu, apaiser les cris de la plèbe romaine au détriment des provinces, en lui prodiguant le pain et les spectacles ; il fallait surtout flatter les prétoriens qui faisaient et défaisaient les empereurs, selon leur caprice ; solder enfin une armée innombrable, et qui s'augmentait en raison de la faiblesse de l'empire et du mépris des institutions. Les mille moyens plus ou moins ingénieux de pressurer les populations en frappant de nouveaux impôts étaient impuissants à combler les fiscales exigences. La main rapace du Trésor attirait sans cesse à elle ; le fisc absorbait tout et ne rendait rien.

____

(1) Code, 5, 4, 8, 1.

DROIT FRANÇAIS.

DES NULLITÉS DE MARIAGE.

INTRODUCTION.

Histoire de notre législation, en matière de mariage. — Qualités et conditions requises pour le mariage, d'après le Code Napoléon.

Un mariage est nul quand il a été contracté en violation des conditions imposées par le droit naturel ou de celles qui sont exigées par le droit positif pour sa validité. Les premières sont les mêmes en tous temps et en tous lieux ; tels sont la différence de sexe et le consentement des futurs époux. Les autres conditions consistent dans certaines formalités qui varient avec les diverses législations ; c'est ainsi que tel Code exige le consentement de la famille des futurs conjoints, tandis que tel autre juge cette condition superflue ; que nos lois françaises regardent la solennité de la célébration comme nécessaire, tandis que les lois romaines se contentaient du simple accord de volonté des époux; c'est ainsi encore, pour ne point remonter à d'autres âges, que dans certaines contrées la cérémonie religieuse est un élément indispensable à la validité du mariage, comme à Rome et en Espagne, au lieu que dans certains autres pays, en France, par exemple, la bénédiction du prêtre est laissée à la libre conscience de chacun.

Il n'est donc pas inutile, avant d'entamer les questions de nullité du mariage, de rappeler en quelques mots la nature et les conditions de cette institution dans notre droit français. L'examen rapide des formalités requises, examen que nous ferons précéder d'un historique de notre législation, en matière de mariage, fera l'objet de cette introduction.

§ 1er. — HISTORIQUE DE NOTRE LÉGISLATION SUR LE MARIAGE.

Nous avons présenté dans la première partie de ce travail quelques considérations très-courtes sur l'union matrimoniale : elles peuvent se résumer dans la définition bien connue du Portalis : « C'est, disait
» l'orateur du gouvernement, la société de l'homme
» et de la femme qui s'unissent pour perpétuer leur
» espèce, pour s'aider, par des secours mutuels, à
» porter le poids de la vie, et pour partager leur
» commune destinée. » Le mariage dérive du droit naturel, mais, avons-nous dit, il intéresse trop directement la société dont il est la base, pour que celle-

ci n'en réglemente pas avec soin toutes les conditions.

Chez tous les peuples, les actes importants de la vie ont toujours été placés sous l'invocation de la Divinité. A ce titre, le mariage devait nécessairement être entouré de cérémonies religieuses; mais ces solennités qui varient selon les différentes religions ne constituent généralement pas l'union conjugale. On peut même dire, au point de vue philosophique, qu'elles en sont tout à fait indépendantes. Les Romains, nous l'avons vu, avaient détaché le mariage des symboles et des rites qui l'entouraient ordinairement, et en avaient fait un contrat consensuel. L'avénement du christianisme qui plaça le mariage au rang des sacrements n'en changea point la nature; il continua à résider dans l'accord de volonté des époux. L'Église substitua simplement ses rites aux pompes du paganisme. Le pape Évariste, au ii⁰ siècle, prescrivit, il est vrai, aux époux chrétiens la bénédiction sacerdotale; mais c'était là une pure formalité qui n'était pas de l'essence du mariage et qui s'y ajoutait seulement, afin d'appeler sur les fiancés les grâces du ciel. Plus tard, les empereurs Théodose et Valentinien, dont le zèle pour la religion nouvelle ne saurait être contesté, ne songent pas un seul instant à exiger la formalité religieuse. Une constitution de ces princes porte en effet : *Si donationum ante nuptias, vel dotis instrumenta defuerint pompa etiam, aliaque nuptiarum celebritas omittatur : nullus existimet ob id deesse recte alias*

*inito matrimonio firmitatem, vel ex eo natis liberis
jura posse legitimorum auferri; inter pares hones-
tate personas nulla lege impediente consortium,
quod ipsorum consensu, atque amicorum fide fir-
matur.* — « Si les donations et les instruments
» de la dot ont manqué, ainsi que la pompe et les
» autres solennités des noces, que personne ne pense
» que l'essence du mariage en souffre d'atteinte, ou
» que la légitimité puisse être contestée aux enfants
» qui naîtraient de cette union, entre personnes de
» condition également honnête, non empêchées par
» un obstacle légal, et dont le consentement peut
» être attesté par la foi des amis (1). »

Comment la puissance séculière aurait-elle confondu
le sacrement et le contrat, alors que l'Église elle-
même était loin de penser à introduire cette confusion? Ce n'est que par des empiétements insensibles
et progressifs qu'elle absorba le contrat dans le sacrement et qu'elle finit par obtenir des princes l'ab-
dication de leur pouvoir sur ce point, en faisant
consister le mariage dans la cérémonie religieuse.
Mais durant les seize premiers siècles de l'ère chré-
tienne, l'Église et les fidèles ont toujours considéré
l'union conjugale comme indépendante de la bénédiction du prêtre et comme entièrement distincte du
sacrement, ainsi que nous allons le voir.

Cette doctrine, en effet, a été clairement formulée

---

(1) L. 22, *C. de Nupt.* Cette citation est empruntée à M. Laferrière, *Essai sur l'hist. du dr. franç.*, tome I, p. 266.

par l'un des pères de l'Eglise, saint Jérôme : *Aliæ sunt leges Cæsaris*, disait-il, *aliæ Christi; aliud Paulus, aliud Papinianus præcepit, aliud de sacramento matrimonii disputare, aliud de inventione dotis disserere et de statu liberorum.* — « Les » lois de César et celles du Christ ne sont pas les » mêmes; les préceptes de Paul et ceux de Papinien » sont tout différents; il ne faut pas confondre le » sacrement de mariage avec les principes concer- » nant la dot et l'état des enfants. » Justinien, prince dévoué au christianisme, publia dans ses compilations un très-grand nombre de lois qui toutes font dériver l'union légitime du consentement et de l'affection conjugale (1). Il prescrivit certaines conditions pour la preuve du mariage, mais il n'imposa aucune forme de célébration; il ne recommanda pas même la bénédiction nuptiale, bien que, vingt-cinq ans auparavant, le pape Hormisdas l'eût ordonnée aux fidèles. Ce décret du pontife n'était qu'une simple prescription, obligatoire sous peine de péché; mais ce n'était pas une loi de l'État.

« Ainsi, dans le dernier état, comme dans l'ori- » gine de la législation romaine, disait un juriscon- » sulte du siècle dernier (2), le mariage n'est qu'un » contrat ordinaire, qui s'accomplit par le seul con- » sentement, que l'affection conjugale distingue, et

---

(1) L. 11, *C. de Repud.* — L. 26, *C. de Nupt.* — Nov. 18, c. 4, 1. — Nov. 22, c. 6. — Nov. 74, c. 4.

(2) Target. — *Annales du barreau français;* voir un intéressant mémoire pour la dame d'Anglure, *Barr. ancien,* t. III, p. 477.

» qui se prouve par un acte dotal ou par la déclara-
» tion des témoins ; ce que la loi des Douze Tables
» avait dit aux Romains, la novelle le leur dit encore
» mille ans après. Veuillez être mariés, et vous le
» serez ; consentez, et le lien sera formé ; prenez
» une femme, accordez-lui les droits honorables
» d'épouse, et elle sera votre épouse, et vos enfants
» seront légitimes. Pacte purement civil ou devenu
» religieux, convention profane ou sanctifiée, contrat
» de la nature ou sacrement de la loi nouvelle, le
» mariage reste le même, son essence est invariable :
» la volonté le fait, la possession le prouve, les
» hommes l'honorent et la loi le ratifie. »

Les traditions de l'Église ne sont pas moins certaines sur cette matière. Nous avons déjà cité les
paroles significatives de saint Jérôme. Au ixe siècle,
le pape Nicolas Ier, dans une instruction qu'il adresse
aux Bulgares, rappelant les coutumes des fidèles
Romains sur le mariage, les cérémonies religieuses
et les pompes diverses, ajoute que l'observation de
ces formalités est facultative, que le consentement seul
des deux époux constitue réellement l'union conjugale.
*Ac per hoc sufficiat secundum leges solus eorum
consensus, de quorum conjunctionibus agitur.....*
Puis invoquant l'autorité de saint Jean Chrysostôme
il dit que la volonté seule des conjoints forme le mariage (1).

Les textes du droit canonique sont remplis de dé-

____

(1) Corp. Juris, Pithou, I, p. 363.

cisions semblables. *Sufficit ad matrimonium solus consensus* (1). Ailleurs, Alexandre III donne une décision conforme à ces principes, à propos du fait suivant : Un homme et une femme voulant s'unir légitimement, expriment leur intention, à cet égard, non pas devant un prêtre, mais seulement en présence de témoins. La cohabitation s'ensuit. Plus tard, l'homme est surpris avec une jeune fille ; pour effacer le scandale, et sur la demande des parents, il procède à un mariage avec cette dernière ; le pape Alexandre déclare cette union frappée de nullité, la première femme seule étant légitime (2). Le prétendu second mariage eût-il été célébré devant l'Église, serait encore nul, et le premier seul est valable bien qu'il n'ait pas été sanctifié par la bénédiction sacerdotale. Telle est aussi l'opinion formelle d'Innocent III (3).

Les principes du droit canonique, on le voit, étaient calqués sur ceux de la législation romaine. Ils étaient en vigueur en France et y furent appliqués jusqu'à l'ordonnance de Blois, au XVIe siècle. Le concile de Latran, en 1215, exige une publication de bans et déclare illicites les mariages clandestins ; mais en France, jusqu'à l'ordonnance de 1570, jamais la nullité ne fut prononcée contre de semblables unions. Le jurisconsulte Brodeau nous dit : « On te- » nait en France, avant l'ordonnance qui a publié

(1) Cap. 23 et 25, X, *de Spons.*
(2) C. 15, *de Spons.*
(3) C. 3, *de Spons.*

» et confirmé le concile de Trente, concernant la
» célébration du mariage, que la bénédiction, les
» proclamations de bans et autres solennités n'étaient
» pas requises *de necessitate sacramenti*; que leur
» omission, non plus que la clandestinité, n'annul-
» lait point le mariage (1). » Les époux qui se
dispensaient de la cérémonie religieuse, décla-
raient simplement, devant notaire, leur volonté de
s'unir par légitime mariage; cette formalité était
suffisante.

« Ainsi nous possédons une vérité incontestable.
» Le droit essentiel des mariages s'est conservé dans
» toute sa simplicité primitive, depuis la création du
» monde jusqu'aux derniers temps. Pendant la durée
» de vingt siècles que nous avons parcourus, il a
» toujours été le même au milieu des révolutions de
» tout genre qui se sont faites dans la religion,
» dans les empires, dans les lois, les opinions et les
» usages. La religion n'a point apporté sur ce sujet
» de maximes nouvelles : il suffit de distinguer
» l'essence du mariage d'avec les cérémonies qui
» l'accompagnent, la volonté dont il se forme d'avec
» les actes de piété ou les précautions de police que
» les canons et les lois ont jugé à propos d'intro-
» duire (2). »

Au XVIe siècle arrive le concile de Trente qui
abroge les principes ci-dessus exposés, tout en les

---

(1) Brodeau sur Louet, v° *Mariage*, II, p. 227.
(2) Target, mémoire cité, p. 456.

reconnaissant dans le passé. La nécessité de publication de bans déjà proclamée par le concile de Latran est conservée; de plus la bénédiction nuptiale
est imposée, sous peine de nullité de l'union matrimoniale. L'assemblée ajoute que l'Eglise a la faculté d'établir des causes de nullités de mariage, et
frappe d'excommunication quiconque lui contestera
ce droit : *Si quis dixerit ecclesiam non potuisse
constituere impedimenta matrimonii dirimentia vel
in eis constituendis errasse, anathema sit* (1).
Cette prétention n'a rien que de raisonnable, à la
condition de séparer avec soin le contrat du sacrement : les règles du sacrement appartiennent au pouvoir qui l'a établi ; mais les formes du contrat civil
sont évidemment du ressort de la puissance séculière.
Voilà la distinction qu'il importerait de faire et que
le concile s'est bien gardé de rappeler ; l'Église tendait à faire disparaître le mariage civil, à l'absorber
dans ses rites religieux, à sacrifier le principal à
l'accessoire.

Quoi qu'il en fût, et malgré les menaces d'anathème, les canons du concile de Trente ne furent
pas reçus en France ; les tribunaux continuèrent à
appliquer les anciens principes jusqu'en 1570. L'ordonnance de 1570 fut rédigée, au milieu des agi-
tations religieuses, sur les cahiers des états de Blois
qui étaient alors l'expression des passions du clergé
contre les idées de la réforme. Les membres de l'É-
glise demandaient sans hésiter l'enregistrement in-

____

(1) Sess. 24, can. 4.

tégral de tous les canons du concile de Trente ; mais , dit M. Laferrière, les états reculèrent devant le tableau qui leur fut présenté de toutes les usurpations que le pouvoir sacerdotal avait déposées dans les lois du saint concile. Toutefois l'ordonnance, en soumettant les institutions de famille à l'autorité religieuse, introduit une déplorable confusion entre la législation civile et le droit ecclésiastique.

Mais les anciens principes étaient tellement enracinés dans les mœurs qu'ils continuèrent à être appliqués par la jurisprudence ; d'ailleurs, l'ordonnance ne prononçait pas d'une manière expresse la nullité des mariages que l'Église n'aurait pas bénis. Ce n'est qu'au xvii° siècle qu'une pareille sanction semble décidément insérée dans nos lois par deux édits successifs, l'un de 1629, l'autre de 1639, le premier enregistré en lit de justice. Et encore, si on lit attentivement le texte de ces actes législatifs, la question de nullité des unions purement civiles ne paraît pas y être tranchée aussi clairement qu'on pourrait le désirer. Nous voyons même que, malgré ces édits de Louis XIII, les formalités religieuses ne furent pas toujours très-fidèlement observées ; témoin ces remontrances du clergé adressées au roi, en 1680, dans lesquelles les ministres du culte catholique se plaignent : « qu'on trouve un nombre considérable » de personnes qui s'imaginent que des actes que les » notaires ont eu la témérité de leur donner, de leur » consentement réciproque, ont pu leur conférer la » grâce du sacrement de mariage, et suppléer à la

» bénédiction des prêtres que l'Église a observée si re-
» ligieusement. » Toujours ce défaut de distinction
entre le sacrement et le contrat ! Le clergé se trompe
plus ou moins involontairement, en attribuant, dans
ses doléances, aux personnes non mariées devant les
autels, l'idée singulière qu'un notaire pouvait leur
conférer la grâce du sacrement, sanctifier leur union
et suppléer à la bénédiction du prêtre. Non, les parties qui se présentaient devant un notaire ne faisaient
pas une aussi grossière confusion ; elles pensaient simplement, à tort ou à raison, que leur libre consentement, légalement constaté par cet officier public,
était suffisant pour leur donner la qualité d'époux
légitimes.

Ces plaintes de l'Église furent entendues. Louis XIV,
qui devenait en vieillissant de plus en plus favorable
aux ministres catholiques, rendit une ordonnance,
en 1697, dans laquelle la bénédiction du curé est
déclarée forme essentielle au mariage.

Tel est l'historique rapide des empiétements divers
au moyen desquels l'Église parvint enfin, en France,
à éliminer le contrat de mariage, pour ne laisser
exister que le sacrement, substituant ainsi ses décisions à celles qui avaient régi les peuples civilisés
pendant deux mille ans. Dès lors l'autorité religieuse,
présidant seule à la constitution de la famille, do-
mine en réalité la puissance civile et peut s'écrier, en
s'appropriant un mot célèbre : « l'État c'est moi. »

Quelle était la situation des protestants, au milieu de
ces indécisions législatives sur le mariage ? Tant que

le sacrement ne fut que facultatif, les membres de la
religion réformée s'unissaient, on le comprend, selon
les principes du contrat civil. Après la promulgation
de l'édit de Nantes, les deux religions vécurent en
paix l'une à côté de l'autre, et les mariages se firent d'après les règles propres à chacune d'elles ; les
catholiques suivaient à cet égard l'ordonnance de
Blois, les protestants l'ancien droit naturel et, quant
à la cérémonie sacerdotale, leur rituel particulier.

Cette situation devait durer à peine un siècle.
Louis XIV, subissant l'influence malfaisante de Mᵐᵉ de
Maintenon, allait, par ses persécutions et par son ordonnance de 1685, retirer aux *religionnaires*, comme
on les qualifiait alors, l'exercice d'une faculté naturelle et sacrée. Le roi était d'ailleurs, dit Voltaire,
» animé contre les réformés par les remontrances
» continuelles de son clergé, par les insinuations des
» jésuites, par la cour de Rome, et enfin par le chan-
» celier le Tellier, et Louvois son fils, tous deux
» ennemis de Colbert, et qui voulaient perdre les
» réformés comme rebelles, parce que Colbert les
» protégeait comme des sujets utiles (1). »

Dès 1680, les mariages entre catholiques et hérétiques sont défendus. « Les canons des conciles,
» porte l'édit, tenus en divers temps dans l'Église,
» ayant condamné les mariages des catholiques avec
» les hérétiques, comme un scandale public et une
» profanation visible d'un sacrement auquel Dieu a

____

(1) Volt., *Siècle de Louis XIV*, ch. xxxvi.

» attaché des grâces qui ne peuvent être communi-
» quées à ceux qui sont actuellement hors de la
» communion des fidèles, nous avons jugé néces-
» saire de les empêcher à l'avenir. » Cette ordonnance, dans son zèle exagéré pour les intérêts de
l'Église, méconnaît complétement les anciennes traditions de celle-ci. Aucun texte des écritures ne prohibait le mariage avec les infidèles ; saint Augus-
tin (1) le regarde comme très-licite et même comme
désirable, en ce que le conjoint orthodoxe amènera
infailliblement, au moyen de la grâce et des lumières
de la foi, la conversion de l'époux hérétique. Une
déclaration du pape Benoît XIV, de 1741, est conforme à cette doctrine.

« A partir de 1680, une averse d'édits persécu-
» teurs, dit M. Michelet, mettent les protestants au
» désespoir ; défense de naître ou de mourir, sinon
» dans des mains catholiques. » Louis XIV, en révo-
quant l'édit de Nantes, ne reconnaît plus de protestants en France. L'année suivante, en 1698, ordre
est donné aux réformés « d'observer dans les ma-
» riages les solennités prescrites par les canons,
» conciles et ordonnances. » Ainsi, pour eux, plus
d'état civil, plus de mariage possible, à moins de
renier leur foi et de fouler aux pieds les saintes prescriptions de la conscience. Louis XV, le roi très-
chrétien, le prince bien-aimé, s'empresse de justifier
ces titres en confirmant les pitoyables décisions de

____

(1) Lib. *de Fide et Operib.*, cap. xix, n° 35.

son prédécesseur. N'est-ce pas le cas de s'écrier avec un philosophe du siècle dernier (1) : « Quelles lois et quels législateurs ! »

« Toute la législation de Louis XIV et de Louis XV » sur les protestants, » comme le dit M. Laferrière, « est une législation aveugle et cruelle qui, au nom » du catholicisme défiguré, nie les droits et les de- » voirs de la famille et de la société. »

Il était réservé à la Révolution de revenir aux vé- ritables principes et de rendre à l'homme les droits imprescriptibles qu'il tient de la nature même, et qu'une société ne saurait lui ravir sous peine de sui- cide moral. L'assemblée constituante s'empressa de séparer l'ordre civil de l'ordre religieux. « La loi ne considère le mariage que comme contrat civil, » pro- clamait la constitution de 1791 (2). Cette règle, con- firmée le 20 septembre 1792, a passé dans notre Code : « La loi, qui ne peut forcer les opinions re- » ligieuses des citoyens, ne doit voir que des » Français, comme la nature ne voit que des hom- » mes (3). »

Après cette étude historique sur le mariage et sur la distinction entre le sacrement religieux et le con- trat civil qui seul est obligatoire aujourd'hui, occu- pons-nous des divers éléments qui constituent l'union conjugale et des conditions auxquelles elle est sou- mise, dans notre législation actuelle.

____

(1) Volt., *Dict. phil.*, art. *Mariage.*
(2) Tit. II, art. 7.
(3) Portalis ; Fenet, t. 9, p. 142.

§ 2. — ÉNONCÉ DES QUALITÉS ET CONDITIONS RE-
QUISES POUR CONTRACTER MARIAGE, D'APRÈS LE
CODE NAPOLÉON.

Le consentement des conjoints est toujours la condition essentielle de l'union conjugale, mais elle n'est
pas la seule, il existe aujourd'hui, comme il existait
dans le droit intermédiaire et même dans l'ancien
droit, d'autres conditions extrinsèques et intrinsèques.
Ces qualités et formes requises pour le mariage sont
contenues dans les trois premiers chapitres du titre V
du Code Napoléon, et dans le chapitre III du titre II.
Nous nous bornerons à les énumérer brièvement,
pour compléter cette introduction ; nous n'entrerons
dans aucun détail, notre sujet ne le comportant pas,
sauf à revenir plus tard sur les dispositions qui se
rattachent intimement aux demandes en nullité.

Les qualités exigées chez les futurs époux pour
contracter mariage sont, indépendamment de leur
consentement (art. 146) : 1° l'âge compétent, dix-huit
ans pour l'homme et quinze ans pour la femme, sauf
les dispenses accordées par le chef de l'État (art. 144,
145) ; 2° l'absence d'un premier lien (art. 147) ;
3° la non-existence de parenté ou d'alliance à un
degré trop rapproché et déterminé par la loi (article 161 à 164).

Quant aux autres conditions, elles consistent dans
le consentement à obtenir ou dans le conseil à requérir des père et mère ou, à défaut de père et

mère, des autres ascendants par les enfants qui se proposent de contracter mariage, et suivant l'ordre hiérarchique indiqué par le Code (art. 148 à 155). Le consentement formel est exigé pour le futur époux mineur de vingt-cinq ans et pour la future épouse mineure de vingt et un ans (art. 148 à 150); au-delà de cet âge, il suffit de demander le conseil de ses père et mère ou de ses ascendants, par acte respectueux, une ou plusieurs fois, suivant le sexe et l'âge, dans les formes et les délais de la loi, après quoi on peut procéder au mariage, nonobstant la résistance des parents (art. 151 à 155).

Les mineurs de vingt et un ans qui n'ont pas d'ascendants ne peuvent contracter mariage qu'avec le consentement de leur conseil de famille, s'ils sont enfants légitimes (art. 160), et l'autorisation d'un tuteur *ad hoc*, s'ils sont enfants naturels. Mêmes décisions, si les ascendants de l'enfant sont dans l'impossibilité de manifester leur volonté (art. 159).

D'autres conditions sont encore requises, elles ont trait à la célébration du mariage. Les unes sont relatives à la *compétence* de l'officier civil qui doit présider au mariage (art. 165), les autres à la *publicité* de cette célébration et aux *publications* qui doivent la précéder (art. 166 à 167). A ce sujet, la loi s'occupe des mariages contractés en pays étranger ; elle permet d'y procéder d'après la forme en usage dans le lieu du contrat, par application de la règle *locus regit actum*, et en exigeant certaines publications préalables en France, ainsi qu'une transcription postérieure du mariage sur les registres du domicile français (art. 170 à 171).

Les *formalités* proprement dites se trouvent au chapitre III du titre des *actes de l'état civil.* On y trouve des détails sur les *publications* (art. 63 à 65), sur les *actes d'opposition* au mariage (art. 66 à 69), et sur les formes de la *célébration* dans la maison commune : la mention des témoins qui doivent y assister, les interpellations que l'officier public adresse aux futurs époux, la déclaration que font ces derniers de se prendre respectivement pour mari et pour femme et le prononcé de leur union, enfin la rédaction du procès-verbal y relatif (art. 75 à 76).

Toutes ces conditions ne sont pas soumises à la même sanction ; l'absence des unes constitue un *empêchement dirimant* au mariage, c'est-à-dire que l'union contractée sans leur observation serait entachée d'un vice qui permettrait d'en faire prononcer la nullité. Ce sont ces empêchements qui font l'objet spécial de notre matière, puisqu'il s'agit des demandes en nullités de mariage. Comme exemples d'empêchements dirimants, on peut citer le défaut d'âge compétent, l'existence d'un premier lien, la parenté ou l'alliance au degré prohibé, le défaut de consentement de la famille, quand celui qui se proposait de se marier était mineur. Nous reviendrons en détail sur tous ces points. — L'absence de certaines autres conditions ne forme qu'un empêchement prohibitif, c'est-à-dire dont la sanction consiste non pas dans la nullité du mariage qui aurait été contracté au mépris de ces empêchements, mais dans certaines peines contre l'officier public qui aurait procédé à la célébration et quelquefois contre les parties (art. 156, 157, 192). Comme exemples d'empêchements prohibitifs, citons l'absence des actes respectueux ou l'insuffisance de leur nombre, l'absence ou l'insuffisance des publications, le non-accomplissement des dix mois de viduité pour la femme qui veut convoler en secondes noces.

Ces généralités posées, il nous reste à aborder notre matière.

DES NULLITÉS DE MARIAGE.

CHAPITRE PREMIER.

Division des nullités en nullités absolues et en nullités relatives.

Dans le chapitre des demandes en nullité de mariage, le Code prévoit diverses hypothèses dans lesquelles l'union contractée manque de certaines conditions nécessaires et dont l'absence permet de faire déclarer la nullité du prétendu mariage. Les personnes qui peuvent intenter cette demande, les délais de l'action varient avec chaque hypothèse ; les mêmes règles ne s'appliquent pas uniformément à tous les cas. Les vices qui peuvent entacher l'union conjugale sont plus ou moins graves ; les uns l'affectent radicalement, en sorte que la nullité peut être demandée en tout temps et par tous les intéressés ; d'autres, au contraire, permettent, à la vérité, de faire annuler le mariage, mais se couvrent après un certain laps de temps et ne peuvent être invoqués que par certaines personnes déterminées. Chaque disposition de notre matière réglemente, à cet égard, le cas prévu par elle. Avec leur esprit, pratique avant tout, les législateurs n'ont pas émis de théorie sur les nullités de mariage ; ils ont préféré faire une énumération d'espèces en donnant une décision pour chacune d'elles. Cette méthode, qui peut être excellente pour un législateur, est assurément mauvaise pour un jurisconsulte, qui doit, avant d'entrer dans les détails minutieux des textes, formuler certaines idées générales dégagées d'abord de toute application. La synthèse doit précéd l'analyse, sinon l'esprit examinant une à une les di   es dispositions de la loi risque de ne pas apercevoir tinctement le lien qui les rattache les unes aux autres, et ne voit trop souvent qu'une sorte de chaos, qu'une série de décisions sans ordre pour la connaissance desquelles le raisonnement n'a rien à faire et la mémoire joue le rôle important. Il est bon d'embrasser du regard l'édifice tout entier avant d'étudier les détails de sa construction. Cherchons donc, avant d'aborder les articles de notre chapitre, à formuler la théorie qui ressort de l'ensemble de ces textes, et au moyen de laquelle il nous sera facile de saisir l'esprit du Code, de résoudre les difficultés, d'éclairer certains points obscurs, de suppléer au silence de nos lois et d'en combler les lacunes.

Le mariage est *nul*, *inexistant*, ou bien simplement *annulable* ; ce sont là deux idées différentes. Dans le premier cas, il n'y a que l'apparence d'un mariage; dans le second, il y a mariage véritable, mais imparfait, vicié dans son principe ; en sorte que l'union est précaire, qu'elle peut être cassée. Dans la première hypothèse, l'action en nullité est accordée à toute personne (à toute personne intéressée, j'entends) et au ministère public. Pas de prescription ni de ratification possible contre cette nullité ; elle peut être invoquée en tout temps, car elle touche à l'ordre social. On l'appelle *nullité absolue* ou *nullité de droit*. Cette dernière expression ne signifie pas que la nullité a lieu spontanément, par la seule force de la loi ; car, dès qu'on m'oppose un prétendu mariage, il ne me suffit pas, pour échapper à ses conséquences, par exemple à l'hypothèque légale de la femme qui primerait la mienne, il ne me suffit pas de dire « votre union n'est pas un mariage » ; il y a là une contestation, et je ne puis me faire justice à moi-même. Je serai donc obligé de m'adresser aux tribunaux compétents pour faire déclarer la nullité. L'expression *mariage nul de droit* signifie simplement que l'union peut être attaquée par tout le monde, et en tout temps.

A côté des mariages nuls, il y a aussi, avons-nous dit, des mariages annulables, c'est-à-dire, dont certaines personnes seulement peuvent demander la nullité, et en agissant dans un certain délai, passé lequel le contrat est validé. On dit alors que ces unions sont frappées d'une *nullité relative*, laquelle n'est plus fondée sur un intérêt d'ordre public, mais sur un intérêt particulier.

Ainsi, le Code Napoléon traite des mariages *nuls*

et des mariages *annulables ;* il confond sous une même rubrique *des demandes en nullité* les cas de nullité proprement dite et les cas d'annulation ; les premiers constituent ce que la doctrine appelle les *nullités absolues,* les seconds les *nullités relatives.*

Cette division rationnelle, comme nous allons le voir, a toujours été adoptée par les commentateurs ; elle l'était déjà par Pothier (n° 444), et les rédacteurs du Code civil l'avaient présente à l'esprit, bien qu'ils ne l'aient pas formulée. « Les différentes nulli-
» tés d'un mariage, disait Portalis en présentant le
» projet de loi au Corps législatif, ne sont pas toutes
» soumises aux mêmes règles ; dans l'École, on les
» a distinguées en nullités absolues et en nullités
» relatives. On a attribué aux unes et aux au-
» tres des effets différents. Mais l'embarras était
» de suivre dans la pratique une distinction qu'il
» était si facile d'énoncer dans la théorie. De
» nouveaux doutes provoquaient à chaque instant
» de nouvelles décisions ; les difficultés étaient inter-
» minables. On a compris que le langage de la loi
» ne pouvait être celui de l'École. En conséquence,
» dans le projet que nous présentons, nous avons ap-
» pliqué à chaque nullité les règles qui lui sont
» propres (1). »

Les principales causes de nullité absolue sont : le défaut complet de consentement (art. 146), la bigamie, c'est-à-dire l'existence d'un précédent mariage

---

(1) Fenet, tome IX, p. 165 et 166.

(art. 147), l'inceste, c'est-à-dire la violation des empêchements fondés sur la parenté ou l'alliance (art. 161 à 163), le défaut de publicité du mariage et l'incompétence de l'officier qui procède à la célébration (art. 191).

Il y a nullité relative quand le consentement des conjoints, ou de l'un d'eux, n'a pas été suffisamment libre et s'est trouvé entaché d'erreur ou de violence (art. 180), et quand l'autorisation des ascendants ou du conseil de famille a fait défaut, alors que les époux étaient mineurs pour le mariage (art. 182). Dans ces hypothèses, toutes les conditions nécessaires à la validité de l'union conjugale n'ont pas été remplies, mais celles qui manquent n'intéressent que la famille ou l'époux insuffisamment protégé; aussi est-il raisonnable de n'accorder l'action en nullité qu'aux personnes directement intéressées. Si celles-ci gardent le silence ou si elles ratifient expressément, on conçoit que le mariage soit dès lors inattaquable, puisque le vice originaire a disparu.

L'impuberté chez l'un des conjoints est ordinairement rangée parmi les nullités absolues; cependant on peut dire que c'est là une nullité mixte; car, si elle se rattache aux nullités absolues, en ce que l'union peut être attaquée en général par toutes personnes directement intéressées et par le ministère public (art. 184), elle tient aussi aux nullités relatives, en ce qu'elle est susceptible de se couvrir (art. 185), comme nous le verrons.

Cette division des nullités en deux classes : 1° nullités proprement dites, nullités absolues, nullités de droit ; 2° annulabilités ou nullités relatives, est généralement adoptée par les auteurs (1). Cependant, MM. Marcadé et Demolombe la trouvent insuffisante. Selon eux, une analyse plus minutieuse de la matière nous présente trois catégories de nullités (2). Voici leur système : notre chapitre iv, du Code, ne s'occupe pas de mariages nuls proprement dits, mais de mariages annulables ; les causes d'annulation y contenues se divisent en annulabilités absolues et en annulabilités relatives, ou, pour parler comme tous les commentateurs, en nullités absolues et en nullités relatives. Ainsi, d'après ces deux jurisconsultes, trois classes de demandes en nullité de mariage : 1° celles qui se fondent sur la nullité même, sur l'inexistence du mariage ; 2° celles dans lesquelles on invoque un vice radical (par exemple, bigamie, inceste), une nullité absolue ; 3° celles qui se basent sur une nullité relative.

« Le mariage nul, dit Marcadé, est celui qui
» n'existe pas, dont l'existence n'est qu'une appa-
» rence sans réalité : tel serait le prétendu mariage
» qu'un fou semblerait contracter ; telle serait encore
» l'union que paraîtraient former, devant l'officier de
» l'état civil, deux femmes dont l'une se ferait passer
» pour un jeune homme. Dans ce cas, le mariage

---

(1) Ducaurroy, Bonnier et Roustain, I, p. 307 à 311. — Demante, I, p. 255, 256, 261. — Mourlon, *Rép. écr.*, I, liv. I, ch. iv, sect. 1ʳᵉ.— Valette, *Expl. sommaire.* du liv. Iᵉʳ, titre V, xvi.

(2) Demol., III, p. 240 à 242. — Marc., I, chap. iv, nᵒˢ i et iii.

» est *nul* dans le sens propre, rigoureusement phi-
» losophique du mot. *Nullum est matrimonium : il*
» *n'y a pas de mariage.* »

Selon ces deux interprètes du Code, il y a mariage
nul, inexistant, quand à l'union contractée par deux
personnes il manque une des trois conditions suivantes : différence de sexe chez les parties, consentement naturel et légal de ces parties, célébration devant un officier de l'état civil. « L'absence de toute
» autre condition, quelle qu'elle soit, dit Marcadé,
» laisse subsister le mariage, et peut seulement l'en-
» tacher de nullité. »

Aucune hypothèse dans laquelle ferait défaut une
des conditions ci-dessus ne se rencontre dans le chapitre IV du titre du *Mariage,* au Code. Aussi, nous
l'avons dit, d'après MM. Demolombe et Marcadé, les
articles 180 et 193, qui forment seuls l'objet de
notre matière, ne traitent pas de questions de nullités proprement dites, mais seulement d'annulabilité,
bien qu'ils emploient toujours l'expression d'action
en *nullité ;* c'est là une terminologie imparfaite, mais
sans conséquence, et qui ne donne lieu à aucune
confusion, « puisque, dit Marcadé, la loi ne s'oc-
» cupe jamais de la nullité proprement dite. »

Toujours en suivant la doctrine de ces deux savants jurisconsultes, les mariages de la seconde
classe, c'est-à-dire les mariages frappés d'une nullité absolue, sont ceux qui sont entachés de bigamie,
d'inceste ou de clandestinité.

Enfin les unions frappées d'une nullité relative

sont, d'après ces auteurs, celles que nous avons regardées comme telles dans notre première classification ; en sorte que cette troisième division de MM. Demolombe et Marcadé coïncide avec la deuxième division adoptée par la plupart des interprètes du Code.

On le voit, la différence entre notre classification et celle de MM. Marcadé et Demolombe consiste en ce que notre première catégorie de nullités se subdivise en deux chez ces éminents commentateurs. Certaines hypothèses dans lesquelles nous voyons des nullités véritables, ces jurisconsultes les considèrent comme des cas d'annulabilité simple, tout en leur conservant la qualification de nullités absolues.

Ils admettent, au surplus, avec nous que ces nullités absolues ne sont pas susceptibles d'être couvertes et peuvent être invoquées en tout temps et par tous les intéressés. Dès lors, n'est-on pas en droit de se demander si cette différence admise par nos deux interprètes du Code entre les mariages inexistants et ceux qui sont frappés d'une nullité absolue n'est pas une distinction un peu trop subtile, si les seconds ne se confondent pas réellement avec les premiers. En d'autres termes, quand une personne déjà mariée a rempli les formalités extérieures d'un autre mariage, quand un parent s'est uni avec sa parente au degré prohibé, quand il y a eu clandestinité là où la publicité était formellement exigée par la loi, ne peut-on pas dire que ce prétendu mariage n'existe pas, tout aussi bien que

dans l'hypothèse d'un défaut absolu de consentement
ou dans celle d'une célébration d'un officier autre
que celui de l'état civil ? Où est donc le motif de
distinction faite par MM. Demolombe et Marcadé ?
Qu'est-ce qui justifie une semblable division ? J'en ai
vainement cherché les raisons dans les ouvrages des
deux savants commentateurs. Marcadé, d'ordinaire si
clair et si logique, semble, après avoir établi sa triple catégorie de mariages inexistants, de mariages
entachés d'annulabilité absolue et de mariages frappés d'annulabilité simple, semble, dis-je, avoir perdu
complétement de vue cette distinction à laquelle il
avait tout d'abord attaché tant d'importance et avoir
confondu les unions de la première classe avec celles
de la seconde.

En effet, suivons le raisonnement de ce jurisconsulte. Il commence par établir sa distinction.
« L'union que contractent deux personnes ne cons-
» titue point un mariage, lorsqu'il lui manque une
» de ces trois conditions : différence de sexe chez
» les parties ; consentement naturel et légal de ces
» parties ; célébration devant un officier de l'état
» civil. L'absence de toute autre condition, quelle
» qu'elle soit, laisse subsister le mariage, et peut
» seulement l'entacher de nullité. » Et plus loin :
« Notre chapitre ɪv, ajoute-t-il, ne devait parler et
» ne parle, en effet, que des mariages annulables.
» On chercherait en vain, dans les quatorze articles
» auxquels nous arrivons, un seul cas d'union ne
» constituant point un mariage ; par exemple, le cas

» de non-consentement, l'union formée par un fou,
» la célébration par un individu non officier pu-
» blic, etc. »

Ainsi, dans l'esprit de Marcadé (aussi bien que dans celui de Demolombe), il y a une différence complète entre les mariages nuls ou inexistants et ceux dont s'occupent les articles 180 à 193, lesquels seraient seulement annulables. D'ailleurs, Marcadé explique clairement cette pensée déjà évidente quand il ajoute : « Du reste, nous devons faire observer » que les mots *annulation*, *annulabilité*, que nous » employons fréquemment, parce qu'ils expriment » exactement l'idée que nous avons à indiquer, ne » se trouvent nulle part dans le Code; la loi se sert » toujours des mots *nul* et *nullité*. Elle le peut, en » effet, sans danger et sans donner lieu à aucune » confusion entre les deux nullités, puisqu'elle ne » s'occupe jamais de la nullité proprement dite. » N'oublions donc pas qu'en général, dans le Code, » les mots *nul* et *nullité* signifient *annulable*, *annu-* » *lation*, *annulabilité*. »

Après avoir distingué les mariages nuls ou inexistants des mariages annulables, il divise ensuite ceux-ci en deux classes, comme nous l'avons dit : les mariages frappés d'une nullité absolue et ceux qui sont infectés d'une nullité relative. Ainsi, pas de doute; d'après Marcadé, il faut toujours soigneusement distinguer dans notre matière les unions nulles, à proprement parler, de celles qui sont entachées d'une nullité absolue. Eh bien ! dans les comparaisons des différentes unions entre elles, l'éminent jurisconsulte omet constamment ces dernières; il oppose sans cesse les mariages inexistants à ceux qui sont viciés par une nullité relative. Quant aux nullités absolues, qui ne sont pour lui que des annulabilités, il n'en est plus question. Après les avoir séparées avec tant d'insistance des nullités proprement dites il finit par les confondre avec elles; après avoir établi une triple division, il semble l'oublier pour ne plus en faire qu'une double; après avoir voulu corriger les interprètes du Code, il retombe lui-même forcément dans leur division qu'il avait tant critiquée.

Continuons la lecture de cet auteur et nous allons voir cet oubli de ses propres principes. Il vient de parler de mariage nul, inexistant, il a dit que cet acte était dénué de tout effet, et il ajoute : « Au » contraire, quand l'acte n'est nul que dans le sens » impropre du mot, c'est-à-dire quand il a une exis- » tence réelle, mais seulement vicieuse (et nous sa- » vons que Marcadé regarde comme tels les maria- » ges frappés de nullité absolue), cet acte est sus- » ceptible de ratification, de restauration... » Or, le savant commentateur convient lui-même que les unions conjugales infectées de nullité absolue ne peuvent pas être ratifiées; donc il les omet complètement ici, sinon il les confond avec les mariages inexistants et retombe ainsi dans notre théorie, qui est celle de la plupart des auteurs.

Poursuivons la citation. Marcadé vient de parler d'un acte nul, dans le sens impropre du mot, sorte

d'acte auquel il assimile le mariage vicié par une nullité absolue; il ajoute : « Cet acte, puisqu'il
» existe, continuera d'exister tant qu'on ne le cas-
» sera pas; d'où la nécessité de former contre lui
» une demande en annulation, en cassation, en
» d'autres termes, *une action en nullité*. Et puisque
» il y a une action en cassation à intenter contre
» l'acte annulable, il faudra que la loi organise cette
» action, il faudra qu'elle dise dans quel cas et
» pour quelles causes elle pourra être intentée ; par
» quelles personnes, dans quel délai, et sous quelles
» autres conditions elle devra l'être. » Tout cela,
encore une fois, ne s'applique qu'aux nullités relatives ; et cependant, dans la doctrine de l'auteur,
cela devrait s'appliquer également aux nullités absolues, qui, pour lui, ne sont que des nullités dans
le sens impropre du mot. Donc, ici encore, notre
commentateur perd de vue sa triple classification.

Plus loin, après avoir fait remarquer que le Code
ne s'occupait pas des cas d'inexistence de mariage,
mais seulement des hypothèses de nullité absolue ou
relative, il justifie le silence de la loi : « S'il n'était
» pas nécessaire d'indiquer par des textes exprès les
» causes de non-existence du mariage, parce qu'elles
» sont écrites dans la nature même des choses, il
» était indispensable, au contraire, de préciser les
» causes de simple nullité (c'est-à-dire, dans l'idée
» de l'auteur, les causes de nullité absolue et de nul-
» lité relative), attendu qu'elles dépendaient de la
» volonté, nous dirions presque du caprice du légis-

» lateur... » Comment, il dépendrait du caprice du
législateur d'annuler ou de ne pas annuler les unions
entachées d'inceste ou de bigamie! « Par exemple,
» continue Marcadé, au lieu de prononcer la nullité
» contre le mariage des impubères, il eût bien pu
» le déclarer valable en prononçant un emprisonne-
» ment ou une amende contre les parents et l'offi-
» cier public ; il aurait pu également fixer la puberté
» légale à un âge plus avancé ou plus reculé que
» celui qu'il a choi . De même, au lieu de dire que
» la non-obtentio du *consentement* par les mineurs
» serait une cause de nullité, et la non-réquisition
» du *conseil* par les majeurs une simple contraven-
» tion punissable par une amende, il aurait pu dire
» que cette seconde circonstance entraînerait l'annu-
» lation comme la première, ou en sens inverse, que
» la première aussi donnerait seulement lieu à une
» amende, plus forte pour ce cas. » Dans tous ces
exemples, on chercherait en vain une nullité absolue
(car l'impuberté n'a pas ce caractère proprement
dit).

En résumé, de tout ceci, il résulte qu'il y a dans
la doctrine de Marcadé un défaut de logique insolite.
D'une part, en effet, il nous déclare à plusieurs reprises
que notre chapitre iv, du Code, intitulé *des demandes
en nullités*, ne traite que des questions d'annulabilité
soit absolues, soit relatives, et non pas des questions
d'inexistence du mariage. Puis, quand il prétend
opposer le cas d'inexistence du mariage à *toutes* les
hypothèses prévues dans notre chapitre, son langage

nous démontre de la façon la plus évidente qu'il ne comprend dans ces dernières hypothèses que les causes de nullité relative, tandis qu'au contraire le chapitre IV s'occupe également des nullités absolues. Ces nullités absolues que deviennent-elles dans le système du savant commentateur? Dans quelle catégorie les range-t-il donc? Est-ce qu'elles constituent aussi l'inexistence de l'union conjugale? Non, dit-il, le mariage subsiste; il peut seulement être annulé. Elles forment donc une classe à part? Mais alors qu'est-ce qui les distingue des causes d'inexistence du mariage? C'est ce qu'on ne voit pas; c'est ce qu'on cherche vainement.

Même confusion dans le savant traité de M. Demolombe. « Parmi les causes d'*annulabilité*, ou, » pour dire désormais comme le Code civil, de » *nullités* du mariage, les unes ont été introduites » principalement dans l'intérêt particulier de cer- » taines personnes ; les autres, au contraire, dans » l'intérêt général de la société et de l'ordre public. » — Les premières sont appelées *nullités relatives;* » les secondes, *nullités absolues.....* Les nullités » absolues peuvent être proposées par toute per- » sonne ayant intérêt, même par le ministère public; » elles ne peuvent se couvrir ni par le laps de » temps, ni par la ratification. » Ainsi, voilà bien nos nullités absolues rangées dans les simples annulabi- lités, et cependant, au n° 241, comparant les nullités proprement dites aux annulabilités, l'éminent juriscon- sulte dit, en parlant de ces dernières : « L'action en

» nullité ne sera recevable que pour les causes et de
» la part des personnes déterminées par la loi, comme
» aussi pendant le temps et sous les autres condi-
» tions qu'elle a prescrites..... » Mais tout ceci ne
peut s'appliquer qu'aux nullités relatives !

Voilà donc que M. Demolombe, comme Marcadé,
perd de vue sa triple division. Les nullités absolues
ne sont que de simples annulabilités, nous répète-t-il
sans cesse ; puisque à chaque fois qu'il est question de ces annulabilités, tout ce qu'il en dit se
rapporte exclusivement aux nullités relatives, jamais
aux nullités absolues.

Selon moi, la classification de ces deux auteurs n'a
pas de raison d'être, et si elle n'est pas une erreur,
elle est tout au moins une subtilité qui ne sert qu'à
embrouiller et compliquer la matière au lieu de l'é-
clairer. Nous nous en tiendrons donc à la division
généralement adoptée : 1° nullités proprement dites
ou nullités absolues ; 2° et annulabilités ou nullités
relatives.

CHAPITRE II.

Des nullités absolues.

SECTION PREMIÈRE.

En quoi consistent ces nullités ?

Les causes de nullité absolue sont :

1° L'identité de sexe ;

2° Le défaut absolu de consentement (art. 146);

3° L'absence d'une manifestation solennelle du consentement devant un officier de l'état civil.

Ces causes de nullité ne sont pas énumérées dans notre chapitre IV, au Code, et elles n'avaient pas besoin de l'être. Il est trop clair que la différence de sexe, que le consentement des parties et la déclaration de ce consentement sont essentiels à l'union matrimoniale. A ces trois causes, on pouvait joindre la mort civile, avant la loi du 31 mai 1854.

4° L'existence d'un premier mariage (art. 147);

5° La parenté ou l'alliance au degré prohibé (art. 184);

6° Le défaut de publicité de la célébration et l'incompétence de l'officier public (art. 191).

7° L'impuberté. Mais notons que le défaut d'âge constitue une nullité qui n'est pas en tout point semblable aux nullités absolues.

Nous allons examiner en détail chacune de ces nullités absolues. Cette étude sera l'objet d'autant de paragraphes.

§ 1er. — IDENTITÉ DE SEXE.

S'il arrivait que l'officier de l'état civil célébrât le prétendu mariage de deux personnes du même sexe, cette célébration ne produirait évidemment pas d'effet. Aucun développement n'est nécessaire sur ce point.

§ 2. — DÉFAUT ABSOLU DE CONSENTEMENT. — L'INTERDIT PEUT-IL SE MARIER ?

Le mariage est un contrat, et c'est le plus important de tous. Par conséquent, le consentement des parties est indispensable à sa formation (art. 1108). Cette condition, énoncée dans l'article 146, est superflue, tant elle était évidente. Si donc une personne se présentant pour se marier à l'officier civil était en état de folie ou d'ivresse tel que ses facultés intellectuelles eussent disparu, le mariage n'aurait pu se former, alors même que l'officier aurait prononcé les paroles sacramentelles.

Un sourd-muet pourrait-il contracter un mariage ? Cela revient à demander s'il est capable de manifester un consentement. L'affirmative n'est pas douteuse ; il suffit pour cela qu'il puisse se faire comprendre, au moyen de signes non équivoques, au moyen de l'écriture, par exemple (1).

L'interdit peut-il se marier dans un intervalle lucide ?

Pothier adoptait sans hésiter l'affirmative. « Lors- » que la folie d'une personne a des intervalles » lucides, cette personne ayant pendant ce temps » l'usage de la raison, il n'est pas douteux que le » mariage qu'elle contracterait pendant ce temps,

____

(1) Pothier, *Contr. de mariage*, 93.

— 108 —

» serait valable. — Observez que, lorsqu'il est jus-
» tifié que la folie de la personne dont on attaque le
» mariage a commencé avant le mariage, et conti-
» nué depuis, c'est à la partie qui oppose que la
» folie avait des intervalles à justifier de ces inter-
» valles lucides (1). »

Cette théorie me semble encore devoir être suivie
sous le Code. Cependant de graves auteurs enseignent
que le mariage de l'interdit est nul, toujours et sans
distinction.

Voici les arguments à l'appui de cette opinion :
l'interdiction fait peser sur celui qui en est l'objet
une présomption invincible d'incapacité permanente
(art. 489 et 502), à tel point que les actes passés
par lui sont nuls de droit (art. 502). S'il en est ainsi
des actes ordinaires, des contrats pécuniaires, *à fortiori*, doit-il en être de même pour le mariage, le plus
sérieux de tous les actes. L'article 174 décide que
l'opposition au mariage fondée sur l'état de folie
n'est recevable qu'à la charge par les opposants de
faire prononcer l'interdiction. Si donc cette interdiction est prononcée, l'opposition triomphera et le mariage sera impossible. — Les travaux préparatoires,
dit-on, ne sont pas moins concluants. On avait pro-
posé au conseil d'État de déclarer incapable de contracter mariage l'interdit pour démence ou fureur ;
Cambacérès fit rejeter cette addition, la considérant
comme superflue et comme la conséquence naturelle

____

(1) Pothier, *Contr. de mariage*, 92.

de la règle générale qui exige le consentement (1). Même observation au Tribunat. On voulait que notre article 146 déclarât que « l'interdit pour démence est, en fait de mariage, hors d'état de donner un consentement, lors même qu'il y aurait des intervalles lucides. » Le texte de l'article 146 nous montre que cette addition ne fut pas admise ; c'est évidemment, dit-on, par les mêmes motifs qui l'avaient fait repousser au conseil d'État, c'est-à-dire parce qu'elle était superflue. Plus tard, dans l'exposé des motifs du titre *de la minorité, de la tutelle et de l'interdiction*, l'orateur du gouvernement a déclaré que l'interdit ne pouvait se marier (2). Enfin, ajoute-t-on, si le Code eût permis le mariage de l'interdit, il aurait pris certaines précautions pour sauvegarder ses intérêts, comme il le fait pour le mineur. Il l'aurait protégé, en exigeant l'assentiment de certaines personnes (art. 148, 160). Il aurait réglé par qui les conventions matrimoniales seraient consenties (art. 1398). Sur tous ces points, silence complet ! Pourquoi ? Parce que l'union matrimoniale d'un interdit était une hypothèse irréalisable, repoussée par le législateur (3).

Malgré la gravité de ces considérations, j'incline à admettre pour l'interdit la possibilité légale de se marier.

(1) Fenet, IX, p. 8 et 12.
(2) Locré, *Légis. civ.*, VII, p. 354.
(3) M. Bugnet sur Poth., *loco cit.* — M. Duranton, II, p. 27 à 34. — *Revue de législ.*, III, de 1845, p. 239 à 263, art. de M. Pont. — Marc., I, p. 620 à 623. — Mourl., *Rép. écr.*, sur l'art. 146. — *Cass.*, 28 décembre 1831.

Les objections tirées de travaux préparatoires sont sans doute séduisantes, mais il ne faut pas en exagérer la portée. Les discussions qui ont surgi dans l'élaboration du Code sont toujours plus ou moins confuses ; c'est surtout le résultat, c'est-à-dire la rédaction des textes, auquel il faut s'arrêter. Or, aucune disposition du Code ne prohibe le mariage de l'interdit. En effet, l'article 502 ne s'applique qu'aux actes pécuniaires ; la plupart des partisans de l'affirmative le reconnaissent. Si cette décision était applicable au mariage, il faudrait en dire autant de l'article 1304, et décider que l'interdit qui, en fait, aurait contracté mariage, aurait dix ans, à compter de la mainlevée de son interdiction, pour faire annuler son union. C'est là, en effet, l'opinion de M. Duranton (II, 32); mais n'est-ce pas abuser de l'article 1304 et faire une assimilation peu rationnelle entre les contrats pécuniaires et le mariage ? En vain dira-t-on qu'une présomption d'incapacité contre laquelle la preuve contraire n'est pas admise, frappe l'interdit pendant tout le temps de son interdiction (art. 489 et 502); c'est encore là une décision qui n'est pas absolue ; elle est vraie seulement quant aux actes ordinaires, et il ne faudrait pas l'appliquer à tous les cas, en matière de crimes et de délits, par exemple (art. 64 du Code pénal). Que la loi ait créé une présomption légale d'incapacité contre l'interdit pour certains actes de la vie, pour lesquels il peut être remplacé par son tuteur, cela se comprend. Le législateur n'a eu pour but que de protéger sagement ses intérêts, en retirant au malheureux en démence l'exercice de certains droits ; mais il n'a pas entendu lui en ravir la jouissance. C'est précisément ce qui arriverait si la présomption d'incapacité existait, même pour les actes personnels à l'interdit, tels que le mariage. Lui enlever l'exercice du droit de se marier, c'est en même temps lui dénier la jouissance de ce droit, l'assimiler à un mort civilement, et lui retirer jusqu'à ses droits naturels.

Quant à l'article 174, il doit être mis hors du débat. Il ne présente pas l'interdiction comme un empêchement au mariage. Il se borne à exiger que les collatéraux qui voudront s'opposer au mariage de leur parent, en se fondant sur son insanité d'esprit, soient obligés de provoquer son interdiction. Pourquoi ? Afin de prouver que leur opposition est sérieuse. Conclure de cette disposition que l'interdiction seule, indépendamment de la démence, est un obstacle au mariage, ce serait forcer les termes de l'article 174.

Mais, dit-on dans l'opinion qui refuse à l'interdit la faculté de se marier, si les rédacteurs eussent entendu lui accorder cette faculté, ils n'auraient pas manqué de la soumettre à certaines conditions protectrices, à l'exemple du mineur qui est assujetti au consentement de certaines personnes (art. 148, 160). Cette objection a frappé M. Zachariæ (1), qui, tout en permettant le mariage à l'interdit, l'a mis, à cet

____

(1) Édit. Aubry et Rau, III, p. 384.

égard, sur la même ligne que le mineur. L'auteur allemand s'appuie sur l'article 509, d'après lequel l'interdit est assimilé au mineur pour sa personne et pour ses biens. Mais cette assimilation de la minorité à l'interdiction ne s'entend que de la minorité ordinaire qui finit à vingt et un ans, et non de la minorité spéciale au mariage qui ne se termine qu'à vingt-cinq ans, et qui place le mineur sous l'autorité non plus de son tuteur, mais de ses ascendants. Le Code vient de régler en détail la situation du mineur ordinaire avant de s'occuper de l'interdiction; c'est donc naturellement à cette situation que se réfère l'article 509. La doctrine de M. Zachariæ est, par conséquent, erronée. Il faut la rejeter, et opter nécessairement entre les deux théories extrêmes : celle qui déclare le mariage de l'interdit, dans un moment lucide, nul pour défaut de consentement légal, ou celle qui en admet la validité, sans le concours de personne.

Il faut bien reconnaître qu'en fait les mariages d'interdits seront fort rares. Qui voudrait associer son existence à celle d'un malheureux privé de raison la plupart du temps, et qui loin d'apporter à son conjoint une coopération active et efficace dans ses travaux, loin de partager ses joies et ses douleurs, ne serait pour lui qu'un être inutile, un insupportable fardeau ? Voilà comment, dans le système favorable au mariage de l'interdit, on peut s'expliquer le silence du législateur sur les formes protectrices de cette union.

Quoi qu'il en soit, notre question est fort délicate, et les arguments présentés de part et d'autre ne manquent pas d'une certaine force. Je penche cependant pour la dernière opinion, c'est-à-dire pour celle qui accorde à l'interdit la faculté de se marier dans un intervalle lucide (1).

Parmi les auteurs qui refusent à la personne atteinte de démence le droit de se marier, les uns, comme MM. Mourlon et Duranton (*loc. cit.*), admettent qu'une fois contractée l'union conjugale n'est qu'annulable; les autres, et Marcadé est de ce nombre (*loc. cit.*), la déclarent radicalement nulle; et c'est, en effet, dans leur système la seule décision logique, puisque, d'après ces commentateurs, la nullité réside précisément sur le défaut de consentement légal, et qu'il n'y a pas de mariage sans consentement (article 146).

Le mariage d'une personne frappée, lors de la célébration, non plus d'interdiction judiciaire, mais de l'interdiction légale qui accompagne certaines peines (art. 29, C. pén.), serait évidemment à l'abri de toute espèce d'attaque. Mais cette déchéance pénale, qui, de l'aveu de tous les interprètes de la loi, ne saurait constituer un obstacle dirimant, formerait-elle au moins un empêchement prohibitif? C'est là une question diversement résolue, mais que nous nous

----

(1) En ce sens, Demol., III, p. 127 et 128. — Val., *Expl. somm.*, titre XI, n° xx. — Dem., *Cours anal.*, I, 224 *bis*, I. — Cass., 12 novembre 1844.

abstiendrons de traiter; car elle ne rentre pas directement dans notre sujet (1).

§ 3. — ABSENCE D'UNE MANIFESTATION SOLENNELLE DU CONSENTEMENT DEVANT UN OFFICIER DE L'ÉTAT CIVIL.

Ce paragraphe n'exige aucun développement.

L'officier de l'état civil, représentant de la société, est chargé de recueillir le consentement des deux futurs époux, et de prononcer ensuite l'existence de l'union matrimoniale, au nom de cette même société. Il n'y aurait pas mariage, si une personne autre que cet officier, par exemple un fonctionnaire de l'ordre judiciaire ou un ministre du culte, avait procédé à cette célébration.

§ 4. — EXISTENCE D'UN PREMIER MARIAGE.

« On ne peut contracter un second mariage avant » la dissolution du premier, » dit l'article 147. Pothier, dont le *Traité sur le mariage* est parsemé de citations et de discussions théologiques, explique la prohibition de la polygamie dans notre législation par cette raison tirée des Ecritures que Jésus-Christ s'est donné à son Église, tout entier et sans partage (n° 103). C'est là un motif quelque peu mystique et dont l'évidence est contestable. D'ailleurs, si l'Évan-

---

(1) Affirm. : Marc., I, p. 460. — Dur., II, p. 36 et 37. — Zach., III, p. 284. — Négat. : Demol., III, p. 130. — Dem., I, 224 *bis*, II.

gile proscrit la pluralité des femmes, l'Ancien Testament la permettait; Jacob avait épousé Lia et Rachel; David hérita des biens de Saül et de ses femmes, le tout avec l'approbation de Dieu (Poth., 100); on sait que Salomon possédait un véritable sérail. Les justifications théologiques n'ont rien à faire en cette matière, comme le fait remarquer M. Bugnet, le savant et judicieux annotateur de Pothier. A quoi bon faire intervenir la Divinité tantôt pour permettre la polygamie, tantôt pour la prohiber? Le principe de la monogamie dérive des règles de la morale et de la nature même de l'institution du mariage, qui n'est autre chose que l'union indivisible des âmes, des affections et des intérêts. Ce principe était pratiqué chez les Grecs et chez les Romains, qui n'avaient lu ni l'Ancien ni le Nouveau Testament, mais dont la législation était puisée aux sources d'une morale et d'une philosophie élevées.

L'existence d'un premier mariage est donc un obstacle à la célébration d'un second. Cette deuxième union serait frappée d'une nullité absolue, et la dissolution ultérieure du premier lien serait impuissante à la valider. Tout l'effet que cette dissolution pourrait produire, serait de rendre les enfants à naître naturels simples, tandis que ceux qui seraient nés pendant la vie du premier conjoint auraient la qualité d'adultérins; de plus, le second mariage pourrait dès lors être contracté valablement.

C'est toujours un acte grave que de faire annuler un mariage. De là l'article 189 d'après lequel « si

» les nouveaux époux opposent la nullité du pre-
» mier mariage, la validité ou la nullité de ce ma-
» riage doit être jugée préalablement. » Le premier mariage ne forme donc un empêchement dirimant que lorsqu'il est valable ; mais il constitue
toujours un empêchement prohibitif, car l'union entachée de nullité existe néanmoins jusqu'à ce que le
vice qui l'infecte ait été judiciairement établi.

§ 5. — NULLITÉ FONDÉE SUR LA PARENTÉ OU L'ALLIANCE AU DEGRÉ PROHIBÉ.

I. — De la parenté, de la ligne et des degrés. Manière de compter les
   degrés.
II. — Des empêchements au mariage produits par la parenté.
III. — De l'alliance et des empêchements qu'elle produit.
IV. — Des dispenses.

I. — La parenté est la relation qui existe entre
deux personnes qui descendent l'une de l'autre ou
seulement d'un auteur commun. Dans le premier
cas la parenté est en *ligne directe,* dans le second
en *ligne collatérale.* Un père et un fils, un aïeul et
son petit-fils ou sa petite-fille sont parents en
ligne directe ; un oncle et une nièce, deux cousins
sont parents en ligne collatérale, car ces personnes
ne descendent pas l'une de l'autre, mais seulement
d'un auteur commun.

La *ligne,* on le voit, est la série des générations
qui unissent un parent à l'autre. Entre un bisaïeul
et son arrière-petit-fils, la ligne se compose de trois

générations ou *degrés*. Comme ces générations se suivent sans interruption, c'est avec raison que cette ligne est appelée directe. Entre deux cousins-germains, il y a deux séries de générations ou degrés : celle qui unit l'un de ces cousins à l'auteur commun, le grand-père ou la grand'mère, et qui se compose de deux degrés ; celle qui relie cet ascendant à l'autre cousin, et qui forme également deux autres degrés. Il y a donc ici deux lignes qui partent du même point ; elles sont collatérales, l'une par rapport à l'autre. On devrait peut-être, pour s'exprimer rigoureusement, dire que ces deux cousins sont parents en *lignes collatérales*, au pluriel ; cependant l'usage a fait prévaloir le singulier.

En ligne directe le calcul des degrés est facile. Un enfant est au premier degré, relativement à son père et à sa mère ; un petit-enfant au second degré par rapport à son aïeul ; un arrière-petit-enfant au troisième relativement à son bisaïeul, etc.

En ligne collatérale la supputation des degrés est un peu moins simple. On compte les générations qui unissent l'un des parents à l'auteur commun, celles qui relient ce dernier à l'autre parent, et on additionne le tout. Exemples : deux frères sont au second degré, car il y a une génération entre l'un d'eux et son père, et une génération entre ce père et l'autre frère, total deux générations ; par la même raison, un oncle et son neveu sont parents au troisième degré ; deux cousins-germains, au quatrième, etc.

Cette manière de compter les degrés en ligne collatérale était également adoptée par les Romains.

Dans le droit canonique, on procédait autrement. On ne comptait que les générations entre l'auteur commun et le plus éloigné des deux collatéraux. Ainsi, un oncle et sa nièce, d'après la théorie ecclésiastique, sont parents au second degré ; car il y a deux degrés entre l'auteur commun et la nièce, qui est plus éloignée de lui que l'oncle. Dans le même système, deux frères sont parents au premier degré ; deux cousins au deuxième degré ; un grand-oncle et son petit-neveu sont au troisième degré, car, dit Pothier (126), depuis le petit-neveu jusqu'à son bisaïeul, qui est le père de son grand-oncle, et leur souche commune, il y a trois générations.

L'Église en rapprochant ainsi les degrés de parenté pensait multiplier les obstacles aux mariages entre parents, et par suite multiplier également les dispenses, sources de profits pour le clergé. Aussi y avait-il de vives discussions entre le pape et les évêques sur le point de savoir à qui appartenait le droit d'accorder ces dispenses (1).

Ce mode de calcul, contraire à la tradition, s'établit peu à peu pendant le moyen âge avec les mille empiétements de la puissance ecclésiastique. Il est curieux de voir les efforts de raisonnement auxquels se livrent les saints pontifes pour justifier leurs décisions à cet égard. Ainsi, voulant prouver qu'en

---

(1) Poth., 256 et suiv.

ligne collatérale, on ne doit compter les degrés que
de l'auteur commun à l'un des parents, Alexandre II
invoque un passage de la Genèse où il est dit que
Joseph vit jusqu'à la troisième génération la postérité qui lui était provenue de ses enfants Ephraïm et
Manassès ; argument parfaitement incompréhensible,
comme le fait remarquer Pothier lui-même (130).
Le même pape ajoute cette raison tout aussi déci-
sive : de même qu'il faut deux personnes pour former un mariage, de même les sacrés canons ont
cru devoir décider que deux personnes ne pouvaient pas constituer plus d'un seul degré : *Quia
nuptiæ sine duabus non valent fieri personis, ideo
sacri canones duas uno gradu constituere personas.*
Le pontife s'empresse en outre de déclarer que
ceux qui, n'étant pas convaincus par d'aussi so-
lides raisons, continueraient de compter les degrés
de parenté d'après le droit civil, seront considérés
comme assis dans la chaire de pestilence, *sedentes
in cathedra pestilentiæ*, et frappés d'excommunication. « Bonne sentence contre les rédacteurs du
» Code civil, contre ceux qui l'enseignent, et contre
» les magistrats qui doivent l'appliquer ! » dit notre
savant professeur, M. Bugnet (1).

Inutile d'ajouter que toutes ces règles canoniques
ne sont d'aucun poids dans notre législation actuelle.

II. — Certaines parentés forment un empêche-

____

(1) Notes sur Poth., p. 61.

ment dirimant au mariage; par suite, l'union contractée en violation de cet empêchement légal constitue un inceste, et se trouve frappée de nullité absolue (art. 184).

Pas de mariage possible entre parents en ligne directe (art. 161). L'horreur d'une semblable union est un sentiment naturel. Devenir l'époux de sa mère ou celui de sa fille, ce serait d'ailleurs détruire les relations de respect filial et bouleverser les lois de la nature (1).

La loi ne distingue pas entre la parenté légitime ou la parenté naturelle. Mais pour que cette dernière produise empêchement, il faudra, bien entendu qu'elle soit suffisamment prouvée. Mais quelles preuves admettre? Question délicate. Légalement les modes de preuves sont très-restreints. La maternité naturelle simple ne peut être constatée que par une reconnaissance authentique (art. 334) ou par la voie testimoniale, mais avec commencement de preuve écrite (art. 341). Le premier moyen seul s'applique à la paternité naturelle, et la recherche de cette paternité est interdite en principe (340). Quant à la parenté adultérine ou incestueuse, la constatation légale en est plus difficile encore, car la recherche d'une semblable parenté est absolument repoussée par nos lois (art. 335).

Lors donc qu'on voudra empêcher l'union de deux

---

(1) Grotius, *de Jure pacis et belli*, 2, 15, 12. — Montesq., *Esp. des lois*, lib. XXVIII, ch. xiv.

personnes en se fondant sur une parenté naturelle,
ou bien qu'on voudra faire annuler le mariage par
elles contracté, comment démontrer le prétendu lien
qui les unit? Sera-t-on réduit à n'invoquer que les
preuves légales, ou bien sera-t-il permis d'employer
tous les moyens possibles pouvant déterminer la con-
viction des magistrats? Logiquement, il semble que
la première solution soit la seule bonne ; car pour
qu'un ensemble de faits puissent constituer une
preuve, il faut qu'ils réunissent à cet effet les caractères exigés par la loi. Quand le législateur déclare
en termes formels qu'une preuve ne peut résulter
que de tels actes spécifiés, il semble bien certain
que toutes autres considérations sont impuissantes,
et partant doivent être rejetées (1).

Cependant n'est-ce pas pousser un peu loin le
respect des textes que de se retrancher derrière ces
principes absolus, et autoriser, par exemple, le mariage d'une femme avec celui à qui elle a donné le
jour, et dont la filiation adultérine repose sur des faits
certains, péremptoires, connus de tous, bien qu'ils
ne soient pas élevés par le Code, si rigoureux en
cette matière, à la hauteur d'une preuve légale ?
Ne doit-on pas, à cet égard, s'inspirer de la sagesse
de la loi romaine...... *Nec vulgo quæsitam filiam
pater naturalis uxorem ducere potest, etsi dubitetur
patrem eum esse* (2)? Et ne peut-on pas aussi

---

(1) Dur., II, 166. — Val. sur Proudh., II, p. 178. — Zach., IV,
p. 58, note 10 et p. 68. — Nîmes, 3 décembre 1811.
(2) Loi, 14, 2, *de Rit. Nupt.* — Inst., § 10, *de Nupt.*

tirer argument du silence de notre article 161,
qui n'exige pas que la parenté naturelle soit *légalement reconnue*, alors que la Cour d'appel de Lyon
avait positivement demandé la rédaction du texte en
ce sens (1) ?

« En ligne collatérale, le mariage est prohibé
» entre le frère et la sœur légitime ou naturel...
» (art. 162). » Il est encore prohibé entre l'oncle
et la nièce, la tante et le neveu (art. 163). L'union
du frère et de la sœur éveille dans nos cœurs un
sentiment d'aversion. « Il suffit, dit Montesquieu,
» que les pères et les mères aient voulu conserver
» les mœurs de leurs enfants et leurs maisons pures,
» pour avoir inspiré à leurs enfants de l'horreur
» pour tout ce qui pouvait les porter à l'union des
» deux sexes *(loco citato)*. »

Ce que la loi décide de l'oncle et de la tante me
paraît devoir s'entendre aussi du grand-oncle et de
la grand'tante ; car on peut dire également d'eux
qu'ils nous tiennent en quelque sorte lieu de parents...
parentum loco habentur (2). L'article 163 garde le
silence sur ce point, mais les expressions oncle et
tante ne sont-elles pas génériques (3) ?

Toutes ces prohibitions, nous l'avons vu dans la
première partie de ce travail, existèrent chez les

---

(1) Proudhon, II, p. 178. — Marc., art. 161, II. — Demol., III, 107.
— Caen, 3 avril 1833.

(2) Inst., *de Nupt.*, 5.

(3) Marc., art. 163. — Bugn. sur Poth., p. 74. — Ducaurr, I, p. 159.
— Dem., I, p. 318. — Demol., III, 105. — En sens contraire : Zach., III,
p. 289. — Dalloz., *Rec.*, art. *mariage*.

Romains. Mais lorsque l'empereur Claude voulut épouser sa nièce Agrippine, un sénat adulateur s'empressa, comme toujours, de condescendre aux volontés du maître, en édictant une loi qui permit désormais de semblables unions.

Il n'y a pas d'autres obstacles au mariage entre parents que ceux qui viennent d'être énumérés. Le droit canonique prohibait les mariages entre cousins-germains, puis plus tard entre cousins issus de germains; certains conciles finirent par les défendre entre parents collatéraux à un degré quelconque. L'Église, en édictant ces empêchements, les justifiait par des raisons assurément fort singulières. Ainsi, le pape Alexandre II, en n'autorisant les mariages entre parents qu'au delà du sixième degré canonique (c'est-à-dire du douzième degré de droit civil), motive cette règle sur cette puissante considération, à savoir que la création du monde a duré six jours (1). Le concile de Latran hasarde d'autres arguments dont la puérilité n'a d'égal que le mauvais goût. La grave et docte assemblée, bornant la défense des mariages entre parents au quatrième degré (c'est-à-dire au huitième du droit civil), déclare par la bouche d'Innocent III : « que le nom- » bre quatre est on ne peut mieux approprié aux » empêchements de mariage, parce que le corps » humain contient quatre humeurs différentes. » *Quaternarius vero numerus benè congruit prohibi-*

---

tioni conjugii corporalis... quia quatuor sunt humo-
res in corpore, qui constant ex quatuor elementis (1).
Le savant annotateur Pothier fait, à propos de cette
citation, la réflexion suivante :

« Un jurisconsulte célèbre, en parlant de ce pas-
» sage, a dit, non sans raison : *Vera et genuina*
» *ratio est, quia summus pontifex pecunia indiget...*
» On sait trop que les dispenses ne sont point ac-
» cordées gratuitement, que la somme à payer est
» plus ou moins forte, selon la proximité ou l'éloi-
» gnement du degré de parenté. C'est encore ce
» qui explique pourquoi les papes ont adopté une
» manière de compter les degrés si différente de celle
» du droit civil : il fallait étendre les empêche-
» ments. »

Indépendamment de la parenté légitime ou naturelle, le Code reconnaît une espèce de parenté civile
pure résultant de l'adoption. Ainsi le mariage est
prohibé entre l'adoptant, l'adopté et ses descendants, entre les enfants adoptifs du même individu,
entre l'adopté et les enfants qui pourraient survenir
à l'adoptant, entre l'adopté et le conjoint de l'adoptant, et réciproquement entre l'adoptant et le conjoint de l'adopté (art. 348). Mais comme ces empêchements ne sont pas rangés par la loi dans les
causes de nullité, ils ne sont que prohibitifs ; et si
malgré la défense du Code l'union était célébrée, elle
resterait inattaquable.

---

(1) Poth., 146.

III. — Occupons-nous maintenant des nullités de mariage fondées sur l'alliance.

L'alliance ou *affinité* est le lien qui existe entre l'un des époux et les parents de l'autre. C'est une image affaiblie de la parenté, résultant de l'association indivisible, *individuam consuetudinem*, des conjoints. L'alliance emprunte à la parenté ses lignes et ses degrés, bien qu'à parler rigoureusement il n'y ait ni lignes ni degrés entre alliés : car ils ne descendent pas d'une même souche. Un mari et un parent de sa femme sont dits alliés à tel ou tel degré, au troisième ou au quatrième, par exemple, quand ce parent est précisément au troisième ou au quatrième degré avec la femme. Ainsi je suis allié au deuxième degré avec le frère de ma femme, au quatrième avec son cousin-germain, au premier avec son père ou sa mère, etc.

Tant que dure l'alliance, on peut dire qu'elle ne forme réellement pas d'obstacle au mariage ; car l'existence même de l'union conjugale productive d'affinité est un empêchement autrement puissant à ce que l'un des conjoints épouse un des parents de l'autre. C'est seulement après la dissolution de cette union que l'ancienne alliance peut constituer un empêchement au mariage.

L'alliance est un empêchement au mariage dans la ligne directe, à l'infini. Ainsi je ne puis épouser ni ma belle-mère ni ma bru (art. 161). En ligne collatérale, l'obstacle n'existe qu'au deuxième degré, c'est-à-dire entre beaux-frères et belles-sœurs (article 162). Au troisième degré, l'union matrimoniale est permise ; ainsi un oncle peut épouser sa nièce par alliance. Tout mariage contracté entre alliés au mépris des prohibitions de la loi serait frappé d'une nullité absolue (art. 184).

Nous savons que les mêmes règles existaient déjà chez les Romains. Cependant l'union entre beaux-frères et belles-sœurs ne fut interdite qu'à partir de l'empereur Constance, dont les prescriptions à cet égard furent renouvelées par Valentinien et Théodose ; ce qui n'empêcha pas Honorius d'épouser successivement les deux filles de Stilicon. Claude désirant contracter un mariage réputé incestueux par les lois, avait au moins tenu à sauver les apparences en prenant la précaution de faire abroger préalablement par le sénat la disposition qui le gênait. Mais le despotisme impérial avait fait des progrès depuis Claude. A quoi bon ce vain formalisme ? Les lois sont-elles faites pour les princes ? *Quod principi placuit legis habet vigorem* (1)... *Legibus soluti sunt principes* (2)... Voilà les véritables principes des gouvernements absolus !

Le droit canonique avait étendu plus loin les prohibitions de mariage entre alliés ; il avait même fini par interdire l'union conjugale entre deux alliés à un degré quelconque. A une certaine époque, l'Église avait poussé l'exagération jusqu'à imaginer

---

(1) Inst., I, 2, 6.
(2) *Id.*, II, 17, 8.

plusieurs autres espèces d'affinités civiles et spiri-
tuelles (résultant du baptême) qu'aucune législation
n'a jamais reconnues, et en vertu desquelles deux
personnes, parfaitement étrangères l'une à l'autre,
étaient cependant considérées comme alliées entre
elles par les canonistes (1). Avec de pareilles doc-
trines, il devait y avoir peu de mariages sans dispenses. Frappant exemple de quelles aberrations
l'intérêt rend les hommes capables, même ceux dont
la mission est de conserver pures la morale, la justice
et la vérité !

Revenons à notre droit français actuel.

Le commerce illicite de deux personnes non mariées forme-t-il une alliance naturelle entre l'un d'eux
et les parents de l'autre, alliance qui produirait
les mêmes obstacles au mariage que l'affinité légitime ?

Sur ce point la loi garde le silence. Les articles
161 et 162 qui prohibent le mariage entre certains
alliés n'indiquent pas s'il s'agit d'alliés légitimes ou
naturels. Dans le mutisme des textes, il faut recourir
à l'histoire et à l'esprit de la loi. Notre ancien droit,
comme le droit romain, regardait le concubinage
comme produisant une espèce d'alliance *en fait de
mariage* (2).

« Le but de la prohibition entre les alliés en
» ligne directe, disent MM. Ducaurroy, Bonnier et

---

(1) Poth., 160, 161, 173 et suiv.
(2) Poth., 167 à 169.

» Roustain, est qu'aucun homme ne partage succes-
» sivement son lit avec la mère et la fille, et récipro-
» quement, qu'aucune femme n'entre successivement
» dans le lit du père et dans celui du fils (1). » On
peut faire le même raisonnement quant à l'empêchement au mariage pour les alliés en ligne collatérale. De ces considérations, il semble plausible de
conclure que l'alliance naturelle doit être assimilée,
quant aux prohibitions de mariage, à l'affinité légitime. Mais, bien entendu, il est nécessaire pour cela
que le commerce charnel, d'où on induirait l'alliance
naturelle, soit légalement constaté, par exemple, par
un jugement ou par la reconnaissance d'un enfant
émanée des deux concubins (2).

Les partisans de l'opinion contraire font valoir
les arguments suivants : les articles 161 et 162 ne
parlent que des alliés purement et simplement ; ce
qui ne peut s'entendre que des alliés proprement dits.
Or qu'est-ce que l'alliance? Le Code ne la définit
pas, mais on n'a toujours entendu par là que la relation formée *par le mariage* entre un époux et les
parents de l'autre. *Affinitatis causa fit ex nuptiis* (3).
C'était aussi la définition de Pothier (150). A la vérité, le concubinage créait entre chacun des concubins et certains parents de l'autre des obstacles au

---

(1) Tome I, p. 157.

(2) Marc., I, n° 549. — Dem., I, 217 *bis*, I et II. — Duc., Bonn. et
Roust., 201. Mais ces auteurs font une distinction entre l'alliance en
ligne directe et l'alliance en ligne collatérale. — Zach., p. 178. — Nîmes,
3 décembre 1811.

(3) L., 4, § 3 et 8, ff., *de grad. et aff.*

mariage. Mais ces obstacles ne dérivaient pas de l'affinité ; ils étaient basés sur des motifs d'honnêteté publique. Chez les Romains, en matière de mariage, on ne distinguait pas entre le droit pur et la morale, entre le *quod licet* et le *quod honestum est*; mais chez nous, rien ne nous autorise à admettre une semblable solution. Le législateur aurait pu, aurait dû peut-être consacrer cette doctrine. L'a-t-il fait ? Non ; il est muet et nous n'avons pas le droit de suppléer à son silence (1).

IV. — Après avoir établi entre quels alliés le mariage était prohibé, le Code ajoute : « Néanmoins, » il est loisible à l'Empereur de lever, pour des » causes graves, les prohibitions portées par l'ar- » ticle 162 aux mariages entre beaux-frères et belles- » sœurs, par l'article 163 aux mariages entre l'oncle » et la nièce, la tante et le neveu. »

Dans les premières éditions du Code, les unions entre beaux-frères et belles-sœurs étaient prohibées d'une manière rigoureuse ; la possibilité d'une obtention de dispenses n'existait pas pour elles. Elle n'a été admise que par une loi du 16 avril 1832. On a pensé qu'en matière de prohibitions de mariages il était bon de ne pas édicter pour tous les cas des règles trop absolues, et de modérer par un tempérament un principe que, dans certaines circonstances

---

(1) Val. sur Proud., I, p. 403. — Bugn. sur Poth., p. 79. — Demol., III, 112. — Mourl., *Répét. écr.*, sur les art. 161 à 165.

9

impossibles à déterminer législativement, il était utile et convenable de transgresser (1). Pour mon compte, je ne saurais partager une opinion qui laisse, comme le dit M. Demolombe, à la *sagesse* et à la *vigilante sévérité* du pouvoir la faculté d'autoriser ou d'interdire certaines unions. On abandonne déjà, ce me semble, beaucoup trop de choses à cette *sagesse* et à cette *vigilante sévérité*. Je considère toujours comme déplorables les extensions données à l'arbitraire du gouvernement par je ne sais quel esprit moderne de centralisation absorbante et monstrueuse qui fait de l'État une sorte de Providence infaillible chargée des intérêts politiques, pécuniaires et moraux des particuliers. De deux choses l'une, ou les mariages entre beaux-frères et belles-sœurs, entre oncles et nièces, tantes et neveux ne choquent en rien les convenances, ou bien ils sont contraires à la loi naturelle ; dans la première hypothèse, il fallait les permettre d'une manière générale ; dans la seconde, les prohiber absolument (2).

La procédure à suivre pour l'obtention de ces dispenses est réglée par un arrêté du 20 prairial an XI et une circulaire du ministre de la justice du 29 avril 1832. D'après l'arrêté du 20 prairial, celui qui veut obtenir une dispense d'âge adresse au procureur impérial de son domicile une pétition que ce magistrat fait parvenir au ministre de la justice, après

---

(1) Demol., III, 118.
(2) Marc., I, 556.

avoir fait connaître son avis personnel au bas de cette pièce. L'Empereur statue sur le rapport de ce ministre. Si la dispense est accordée, on la fait enregistrer au greffe du tribunal de l'arrondissement où le mariage doit être célébré. S'il s'agit d'une dispense pour un mariage entre parents ou alliés au degré prohibé, la pétition doit être remise au procureur impérial de l'arrondissement dans lequel doit avoir lieu la célébration. Le reste de la procédure comme ci-dessus.

Il est bien évident que si, en fait, le mariage entre deux alliés au degré prohibé avait été célébré, une dispense postérieure n'aurait pas le pouvoir de valider rétroactivement cette union entachée de nullité; elle aurait seulement pour effet de permettre désormais de procéder régulièrement à la célébration.

§ 6. — NULLITÉ ABSOLUE FONDÉE SUR LE DÉFAUT DE PUBLICITÉ DE LA CÉLÉBRATION.

La publicité de la célébration est de la plus haute importance pour la société, qui est intéressée à connaître la formation des familles, à cause des nouveaux droits et des nouveaux devoirs des époux, de l'état de légitimité accordé aux enfants, des priviléges attribués à la femme et de l'incapacité dont elle est frappée.

La clandestinité et l'incompétence de l'officier public ne constituent pas, selon moi, deux causes distinctes de nullité. La présence de l'officier public compétent

est, comme le dit M. Demante, un des principaux éléments de publicité. Il est le témoin principal de la
célébration, témoin nécessaire, indispensable. C'est
parler inexactement que de dire que cet officier fait
le mariage; il ne marie pas, il constate le consentement des époux, et déclare, au nom de la société,
l'union conjugale résultant de cet accord des volontés exprimées avec toutes les conditions requises par
la loi. « Le mariage, dit Marcadé, comme cela a
» toujours été, comme cela sera toujours, s'effectue
» par la seule volonté des parties : *Nuptias consensus*
» *facit* (D., 30, *de Reg. juris*); seulement la loi, qui
» ne doit consacrer cet effet de la volonté que sous
» certaines conditions, désigne un fonctionnaire qui
» vient écouter l'expression formelle de cette volonté
» et en prendre acte, au nom et comme représen-
» tant de la société (1). »

Cette théorie qui fait de la compétence de l'officier
un simple élément de publicité semble résulter de la
rédaction même de notre article 191 : « Tout ma-
» riage qui n'a point été contracté publiquement,
» et qui n'a point été célébré devant l'officier pu-
» blic compétent... » La conjonction *et* semble indiquer que les deux irrégularités ci-dessus ne forment ensemble qu'une même nullité. Dans le projet
l'article disait : « Tout mariage qui n'a point été
» contracté publiquement *ou* qui n'a point été célé-
» bré, etc. » Cette rédaction posait bien la distinc-

---

(1) Marc., I, 665.

tion entre la nullité pour défaut de publicité et la nullité pour défaut de compétence ; mais, au conseil d'État, sur l'observation de M. Rœderer, qui fit remarquer que la célébration devant l'officier compétent était une simple condition de publicité, on substitua la conjonction *et* à la disjonctive *ou* (1).

Ainsi, les éléments de publicité sont complexes et divers : ce sont les deux publications (art. 63 et 166), l'intervalle entre la première et la seconde (art. 64), la célébration à la mairie par l'officier civil du domicile de l'une des parties, en présence de quatre témoins, et avec admission du public à la cérémonie (art. 75 et 165).

Le domicile pour le mariage s'établit par six mois de résidence, d'après l'article 74. Ce texte, par sa combinaison avec l'article 165, fait naître de graves difficultés. Le domicile qui résulte d'un séjour de six mois est-il le seul où le mariage puisse être contracté ? Le domicile tel qu'il est défini et réglé par les articles 102 et 103 n'est-il pas aussi domicile quant au mariage ? Le domicile matrimonial acquis par une résidence de six mois se perd-il par la cessation de la résidence ? L'examen de ces questions exigerait de longs développements ; mais comme il n'entre pas dans le plan de ce travail, je me bornerai à dire que, selon moi, l'article 74 est seul applicable en matière de mariage. Ainsi, je déciderais,

---

(1) Fenet, IX, p. 90 ; Marc., art. 191, I ; Dem., II, 273 *bis* I et 275 *bis*, II. — En sens contraire : Demol., III, 298 ; Duc., Bonn. et Roust., sur l'art. 191.

qu'il faut positivement six mois d'habitation continue
et actuelle dans un lieu pour pouvoir s'y marier, et
que, réciproquement, on peut toujours se marier dans
la commune où l'on a six mois d'habitation continue
et actuelle.

L'absence d'un de ces éléments de publicité, tous
formellement exigés par la loi, sera-t-elle à elle
seule un motif suffisant de nullité ? Ou bien faudra-
t-il pour cela qu'il y ait infraction à plusieurs des
règles ci-dessus exposées ? Et alors quelles seront
celles dont la violation collective constituera une
nullité ?

Quant à l'élément de publicité qui réside dans les
publications, l'article 192 s'exprime en ces termes :
« Si le mariage n'a point été précédé des deux publi-
» cations requises, ou s'il n'a pas été obtenu des
» dispenses permises par la loi, ou si les intervalles
» prescrits dans les publications et célébrations n'ont
» point été observés, le procureur impérial fera pro-
» noncer contre l'officier public une amende qui ne
» pourra excéder 300 francs, et contre les parties
» contractantes, ou ceux sous la puissance desquels
» elles ont agi, une amende proportionnée à leur
» fortune. » Ainsi, le seul défaut de publications ne
doit jamais être sanctionné par la nullité de l'union
conjugale. Cela est certain, malgré l'opinion isolée
de Proudhon (1), du moins en ce qui concerne les
mariages célébrés en France. Quant à ceux qui ont

______

(1) I, p. 409, 411.

été contractés à l'étranger, il faut, je pense, donner la même solution, comme nous le verrons plus loin.

L'article 193 ajoute : « Les peines prononcées » par l'article précédent seront encourues par les » personnes qui y sont désignées, pour toute contra- » vention aux règles prescrites par l'article 165, *lors* » *même que ces contraventions ne seraient pas jugées* » *suffisantes pour faire prononcer la nullité du ma-* » *riage.* » Or, l'article 165 dans sa rédaction con- cise renferme à lui seul l'énonciation de tous les élé- ments de publicité autres que les publications ; il dé- clare en effet que le mariage devra être *célébré pu- bliquement par l'officier civil du domicile* de l'une des parties. On voit donc, d'après la formule de l'ar- ticle 193, que les magistrats sont investis d'un cer- tain pouvoir discrétionnaire ; que c'est à eux, dans leur sagesse, à juger si les conditions omises ou né- gligées par les parties sont assez nombreuses et assez importantes pour entraîner la nullité. « C'est qu'en » effet, dit M. Demolombe, il ne s'agit pas ici d'un » fait unique et absolu ; rien, au contraire, n'est » plus relatif et plus complexe que la publicité ; elle » se forme de beaucoup d'éléments divers, dont au- » cun n'est essentiel, considéré isolément ; il se peut » très-bien que malgré l'absence de quelques-uns » d'entre eux, la publicité n'en ait pas moins existé, » très-convenable et très-suffisante (294). » Ainsi, la question à vider sera une question de fait et d'ap- préciation. La décision des cours impériales échap-

pera, sur ce point, à la censure de la Cour de cassation.

L'incompétence de l'officier de l'état civil, aussi
bien que chacune des autres conditions de publicité,
ne sera donc pas toujours, à elle seule, cause suffisante de nullité. Cette idée est toute simple dans mon
opinion, où l'incompétence de l'officier n'est qu'un
ces divers éléments constituant le défaut de publicité. Mais dans le système qui en fait un motif spécial d'annulation, il semble que logiquement cette
incompétence, quelle que soit la circonstance d'où
elle provienne, devrait toujours faire prononcer la
nullité de l'union conjugale. Cependant les interprètes du Code, partisans de ce système, usent de
distinctions. Ils regardent la compétence de l'officier
civil comme susceptible de plus ou de moins. « J'ai
» pensé, pour mon compte, dit M. Demolombe, que
» l'officier de l'état civil n'était pas compétent, lors-
» qu'il allait célébrer, hors de sa commune, le ma-
» riage même de deux personnes domiciliées dans
» sa commune. J'ai pensé qu'il ne devait pas y aller.
» Mais pourtant, s'il l'a fait, croyez-vous que je con-
» sidère, dans ce cas, son incompétence à l'égal de
» l'incompétence d'un sous-préfet ou de tout autre
» qui aurait célébré un mariage? Non, assurément
» (208). » Dans le premier cas, M. Demolombe repousse la nullité; dans le second, il l'admet. Mais,
selon moi, cette doctrine manque de logique. L'incompétence de l'officier de l'état civil existe ou n'existe

. chercher des degrés de gravité, c'est faire

une distinction arbitraire dont la base n'existe pas dans la loi.

Il ne faut pas confondre la simple incompétence avec l'absence de l'officier civil. Dans notre législation actuelle, la présence de ce fonctionnaire, organe de la société et de la loi, recevant les déclarations des parties et prononçant l'existence du mariage, est une condition rigoureuse et absolue sans laquelle l'union conjugale ne saurait prendre naissance. Et dans l'hypothèse d'une absence complète d'officier de l'état civil, nous ferons rentrer le cas prévu par M. Demolombe d'un sous-préfet ou de tout autre qui se serait permis de procéder à la célébration d'un mariage, sans avoir aucune espèce de mission à cet effet.

On ne doit pas non plus mettre sur la même ligne le mariage *clandestin*, c'est-à-dire celui qui manque des éléments de publicité prescrits, et qui par suite peut être annulé, et le mariage *secret*, c'est-à-dire qui a été contracté régulièrement, conformément aux règles du Code, mais qui ensuite a été tenu caché par les époux; par exemple, pour ménager l'amour-propre de l'un d'eux qui croirait s'être compromis par une mésalliance. Sous l'ancien droit, de telles unions étaient privées de tout effet civil par un édit de 1639. Les enfants en provenant, aussi bien que leur postérité, étaient repoussés de la succession de leurs parents. Cette rigueur avait sa raison d'être dans une société où la distinction des classes était, pour ainsi dire, une des bases de la constitution politique. Mais aujourd'hui, depuis la déclaration des droits de l'homme, depuis que la révolution de 89 a régénéré l'ordre social par les principes d'une philosophie nouvelle et a fait passer sur les classes le niveau de l'égalité ; aujourd'hui, dis-je, et malgré les efforts impuissants de certaines lois pour rétablir une caste aristocratique, ces considérations de mésalliance ne peuvent avoir aucune place dans notre législation actuelle. Aussi la validité des mariages secrets est-elle incontestable, même au point de vue des effets civils. Toutefois, l'ignorance des tiers étant un fait imputable aux époux, ceux-ci devraient en supporter les conséquences pécuniaires, en vertu du principe de l'article 1382 ; par exemple, la femme qui voulant, par son hypothèque légale, primer les droits d'un tiers de bonne foi, viendrait révéler tardivement l'existence de son mariage, jusqu'alors tenu secret, verrait sa prétention repoussée, sur la demande de ce tiers.

§ 7. — NULLITÉ FONDÉE SUR LE DÉFAUT D'AGE.

La procréation des enfants étant le but principal du mariage, il est tout naturel que l'union de l'homme et de la femme ne soit permise qu'à l'âge où cette procréation est possible. *Justas nuptias contrahunt masculi quidem puberes, fœminæ vero viripotentes* (1).

Chez les Romains, l'homme à quatorze ans, la femme à douze pouvaient se marier. Notre ancien

______

(1) Inst., *de Nupt.*

droit français suivit la même règle. La législation actuelle a reculé pour les deux sexes l'âge présumé de la puberté. « L'homme avant dix-huit ans révolus, » la femme avant quinze ans révolus, ne peuvent » contracter mariage. — Néanmoins il est loisible à » l'Empereur d'accorder des dispenses d'âge pour des » motifs graves (art. 144 et 145). »

La loi qui fixe l'âge *minimum* des mariages aurait pu aussi fixer l'âge *maximum* passé lequel la génération est impossible ou tout au moins improbable. C'est ce qu'avaient fait les Romains par les lois *Julia* et *Papia*, d'après lesquelles il était interdit à un sexagénaire d'épouser une femme de cinquante ans (1). Mais dans les législations modernes le mariage est généralement permi à tout âge ; et cela est raisonnable, car la procréation n'en est pas le seul but. La société de l'homme et de la femme a d'autres avantages, comme l'indique la belle définition de Portalis. Bien plus, les unions *in extremis*, privées, sous l'ancien droit, des effets civils (déclaration de 1639, art. 6), sont aujourd'hui parfaitement licites. C'est souvent le seul moyen de réparer légalement les désordres d'une vie passée, de rendre la dignité à une femme flétrie, de donner à des enfants malheureux et innocents les droits de légitimité dont une législation rigoureuse les a dépouillés.

---

(1) Fr. d'Ulp., tit. 16 et loi 27 au Code *de Nupt.* — Toutefois, il n'est pas certain que les mariages des sexagénaires fussent véritablement prohibés ; il est probable seulement que ceux qui se mariaient à un âge aussi avancé encouraient certaines déchéances.

Le défaut de puberté chez les conjoints constitue, avons-nous dit, une nullité d'un ordre particulier ressemblant aux nullités absolues, en ce sens qu'elle peut être invoquée, en principe, par tous les intéressés et par les époux eux-mêmes (art. 184); mais d'un autre côté analogue aux nullités relatives en ce qu'elle est susceptible de se couvrir (art. 185). Nous reviendrons sur ces points en détail.

SECTION II.

Quelles personnes peuvent proposer les nullités absolues.

I. — Ce sont d'abord les époux eux-mêmes.

II. — L'époux au préjudice duquel a été contracté un second mariage. — Question préjudicielle de la validité du premier mariage. — Art. 139.

III. — Les ascendants et le conseil de famille. — Questions diverses.

IV. — Le ministère public.

V. — Enfin tous ceux qui ont un intérêt pécuniaire.

Les unions entachées de nullité absolue peuvent être attaquées par tous ceux qui ont intérêt à en faire prononcer la nullité. C'est ce que déclare l'article 184. D'après les dispositions de notre chapitre IV, au Code, ce sont d'abord les personnes qui ont un intérêt moral à intenter cette action, c'est-à-dire les époux eux-mêmes, le conjoint au préjudice duquel il a été contracté un second mariage, les ascendants des époux ou leur conseil de famille et le ministère public; ensuite tous ceux qui ont un intérêt pécunlaire, intérêt de succession ou autre, parmi lesquels la loi range les collatéraux.

Examinons en détail chacune de ces hypothèses.

I. — Et d'abord, les époux eux-mêmes peuvent former la demande en nullité. Ils ont un intérêt moral évident à ne pas persister dans une union contractée en violation des lois....les époux sans distinction (art. 189, 191) : en cas d'impuberté, l'époux impubère, aussi bien que celui qui a atteint l'âge légal ; en cas d'inceste, aussi bien celui qui a violé sciemment la loi que celui qui est de bonne foi ; en cas de bigamie, aussi bien le conjoint coupable de ce crime que l'autre conjoint. En vain, opposerait-on les maximes : *Nemo audiri debet propriam allegans turpitudinem; nemo ex proprio dolo consequi potest actionem;* on répondrait, le Code à la main, que les textes sont absolus et ne distinguent pas. On peut justifier, d'ailleurs, le système de la loi par ce motif que la nullité d'un mariage importe non-seulement au demandeur, mais à l'ordre public tout entier. Le législateur, en pareille matière, s'est surtout préoccupé de cet intérêt social, en considération duquel il a cru devoir faire fléchir les principes énoncés dans les axiomes ci-dessus (Pothier, 443).

II. — « L'époux au préjudice duquel a été con-
» tracté un second mariage, peut en demander la
» nullité, du vivant même de l'époux qui était en-
» gagé avec lui (art. 188). »

L'article 189 ajoute : « Si les nouveaux époux op-
» posent la nullité du premier mariage, la validité
» ou la nullité de ce mariage doit être jugée préa-
» lablement. »

Ce texte suppose le second mariage attaqué par le
conjoint avec lequel l'un des époux avait contracté
une précédente union, et, dans cette hypothèse, on
permet aux deux époux défendeurs d'élever la question préjudicielle de validité du premier mariage.
Mais ce n'est pas seulement à ces derniers que cette
faculté doit être accordée ; il ne faut pas se renfer-
mer servilement dans la lettre de l'article. Le principe sur lequel est fondée sa décision, principe d'après
lequel un acte nul (le premier mariage) ne peut produire aucun effet légal, nous indique que la question
préjudicielle peut être élevée par tous ceux qui ont
intérêt à la validité du second mariage, et qu'elle
peut l'être non-seulement contre le premier conjoint
demandeur, mais contre toute personne qui invoque-
rait la bigamie.

La bigamie est justiciable de la Cour d'assises et
punie par l'article 340 du Code pénal. Il est clair
que la nullité du précédent mariage constitue pour
l'accusé un moyen de défense péremptoire. Un arrêt
du 25 juillet 1811 (1) a méconnu ce principe en exigeant que l'accusé, pour se soustraire à la pénalité
de l'article 340, prouvât l'*inexistence* même de sa
première union. C'est aller trop loin. Un bigame,

---

(1) *Journ. du pal.*, t. 30, p. 171.

d'après la définition du Code pénal, est celui qui se marie tout en étant engagé dans les liens d'une autre union légitime. Donc, pour repousser l'accusation de bigamie, il est suffisant de démontrer que ces liens ne sont qu'apparents et ne réunissent pas les conditions légales indispensables à la formation d'un mariage (1). — Et peu importe que la nullité dont le premier mariage est infecté soit absolue ou simplement relative. On a prétendu, à la vérité, que la preuve d'une nullité relative était impuissante à détruire l'accusation de bigamie, parce que le mariage, bien qu'annulable, conservait cependant sa validité jusqu'à ce que le juge en ait prononcé la cassation (2). Mais la doctrine rejette avec raison cette prétention ; car, quoique le mariage entaché d'une nullité relative subsiste provisoirement, il n'en est pas moins vrai que la nullité, une fois prononcée, l'anéantit rétroactivement et le fait considérer comme n'ayant jamais eu d'existence légale (3).

Si la nullité du premier mariage était de nature à se couvrir par un certain laps de temps déterminé, et qu'un second fût contracté par celui des deux époux qui pouvait proposer cette nullité, et pendant les délais accordés par la loi, y aurait-il bigamie ? Non, si le premier mariage était attaqué dans ces délais.

____

(1) Dem., I, 271 *bis*, III. — J. P., t. 75, p. 457. — Cass. 16 Janv. 1826.
(2) *Thémis*, I, p. 220 et 230.
(3) Demol., III. 331. — Ducaurr., Bonn et Roust., I, 322, — Dem., I, 271 *bis* II.

Oui, dans le cas contraire ; car la nullité dont était infectée la première union n'a d'effet qu'autant qu'elle est proposée dans le temps voulu ; or, c'est ce qui n'a pas été fait ; et on conçoit que le crime de l'époux ne peut être un motif de faveur pour lui, en prolongeant à son profit la durée de l'action (1).

L'irrégularité du second mariage n'est pas, en principe, un moyen de défense pour la personne accusée de bigamie. Cette proposition est évidente par elle-même ; car la première union subsistant, la seconde est nécessairement nulle. Cependant si, dans les formes extérieures de cette dernière, on avait négligé plusieurs des conditions prescrites par le Code, on pourrait dans cette inobservation, et selon la gravité des cas, puiser un argument contre la célébration du second mariage, et, par suite, échapper à l'application de l'article 340 du Code pénal (2).

L'article 139 du Code Napoléon confère à l'époux pendant l'absence duquel son conjoint s'est remarié le droit d'attaquer cette union, à son retour, soit par lui-même, soit par un fondé de pouvoir muni de la preuve de son existence. Mais ce droit est-il restrictif ? Est-il réservé exclusivement aux deux personnes et sous les conditions énumérées dans l'article 139 ? Ne faut-il pas, au contraire, appliquer à cette espèce les principes généraux de la matière, en vertu desquels la nullité d'un mariage infecté de bigamie peut

---

(1) Dur., II, 147. — Demol., III, 532.
(2) Dem., I, 271 *bis*, IV.

être demandée par tous les intéressés ? La plupart des auteurs adoptent cette idée, sous la seule réserve de la preuve incontestable de l'existence de l'absent (1). On invoque en faveur de cette opinion d'abord les règles insérées dans le chapitre des demandes en nullité de mariage, puis l'immoralité flagrante du système qui n'accorderait l'action qu'au seul absent de retour ou à son fondé de pouvoir, et qui permettrait à cet époux de laisser subsister, au moyen d'une complicité honteuse, la scandaleuse union de son conjoint. On verrait ainsi le spectacle d'une femme à deux maris, et dont les enfants auraient une double paternité (art. 312). Une semblable doctrine ne saurait être celle du législateur, et comme il faut opter entre la lettre restrictive de l'article 139 et les principes généraux de l'article 184, je n'hésite pas à accorder la préférence à cette dernière disposition.

Les travaux préparatoires semblent d'ailleurs prêter un point d'appui à cette théorie. L'idée principale des rédacteurs était que l'incertitude sur la vie ou sur la mort de l'absent « ne doit jamais suffire » pour contracter un mariage nouveau, mais qu'elle » ne doit jamais suffire aussi pour troubler un ma- » riage contracté. » Dans la discussion au conseil d'État (séance du 4 frimaire an IV), Cambacérès propose une rédaction d'après laquelle notre article 139 aurait été ainsi conçu : « Le nouveau mariage

____

(1) Marc., I, sur l'article 139. — Demol., I, 221. — Val. sur Proudh., II, p. 302. — Ducaur., Bonn et Roust., I, 353.

» contracté par le conjoint de l'absent ne pourra être
» annulé sur le seul prétexte de l'incertitude de la
» vie et de la mort de l'absent : néanmoins, si l'ab-
» sent se représente, ce mariage sera déclaré nul. »
C'est bien la conṡécration des règles ordinaires, en
pareille matière. Le conseil admit cette proposition.
Mais le conseiller chargé de la rédaction définitive,
préoccupé qu'il était de subordonner la demande en
nullité au retour de l'absent, n'a conféré une telle
action qu'à cet absent lui-même, et la disposition
fut ainsi formulée : « L'époux absent dont le con-
» joint a contracté une nouvelle union, sera seul re-
» cevable à attaquer ce mariage par lui-même, ou
» par son fondé de pouvoir muni de la preuve de
» son existence. » Tels sont les termes de notre article 139. Mais, dit Marcadé, on ne doit s'attacher
qu'à l'esprit de la loi et par conséquent entendre le
texte de la manière suivante : « Le mariage con-
» tracté par le conjoint d'un absent ne pourra être
» attaqué que *quand l'absent sera de retour, ou qu'il*
» *aura donné des preuves de son existence;* propo-
» sition synonyme de celle-ci : *quand l'absence aura*
» *cessé.* »

Telle est, je le répète, l'opinion générale des commentateurs ; et je crois devoir la partager. M. Demante, tout en reconnaissant l'impossibilité morale
de suivre servilement la lettre de l'article 139, prétend cependant tenir compte de ses termes restric-
tifs, en adoptant un système mixte qui consiste à
accorder l'action au ministère public, tout en la re-

fusant à toute personne autre que l'absent ou son mandataire (1). Cette théorie me semble arbitraire. Ou l'article 139 n'est qu'une application mal énoncée des règles du Code sur les nullités absolues, ou cette disposition se suffit à elle-même et doit être restreinte à ses propres termes ; dans ce dernier cas rien ne nous autorise à l'étendre pour investir le ministère public d'un droit que ne lui confère pas directement le texte lui-même.

Fidèle à l'interprétation qui fait rentrer la décision de l'article 139 dans le système général des demandes en nullité, je n'accorderais le droit d'attaquer l'union conjugale qu'au procureur fondé de l'absent, constitué spécialement à cet effet, et non à un mandataire quelconque, dont le pouvoir aurait un out autre objet.

Le texte ajoute que ce mandataire doit être muni de la preuve de l'existence de l'absent. Cette rédaction semble indiquer qu'une procuration sous seing privé est insuffisante ; il est nécessaire qu'elle soit authentique, sinon qu'elle soit complétée par un certificat de vie (2).

III. — Les père et mère et les autres ascendants, ainsi que le conseil de famille, sont aussi recevables à proposer les nullités absolues. A cet égard, deux questions s'élèvent :

---

(1) Dem., I, 177 *bis*, IV.
(2) Dem., I, 177 *bis*, X.

Première question. — Les père et mère, les autres ascendants et le conseil de famille peuvent-ils, en leur seule qualité, proposer les nullités absolues, ou bien est-il nécessaire, pour cela, qu'ils aient un intérêt pécuniaire né et actuel?

Le seul titre d'ascendants et de membres du conseil de famille est considéré généralement comme suffisant pour intenter une demande en nullité. Cette faculté résulte pour ces parents d'une sorte de magistrature domestique dont ils sont investis pour maintenir l'honneur et la dignité du foyer. A la vérité l'article 184 ne leur accorde pas l'action en nullité d'une manière expresse; mais elle leur appartient évidemment, puisque l'article 186 croit devoir la leur retirer dans un cas déterminé (1).

De la combinaison de ce dernier texte avec les autres décisions de la matière, il ressort que l'adhésion antérieurement donnée par les ascendants à un mariage qui se trouve infecté d'une nullité absolue, ne constitue pas pour eux une fin de non-recevoir, et qu'ils peuvent toujours attaquer cette union illégale, si leur demande se fonde sur un motif autre que l'impuberté de leur descendant.

Deuxième question. — Les nullités absolues peuvent-elles être invoquées par tous les ascendants concurremment et par le conseil de famille; ou bien existe-t-il, en cette matière, un ordre hiérarchique

---

(1) Proudh., I, p. 430.—Zach. I, p. 253. — Marc., I, sur l'art. 184.—Demol., III, 301.—Dem., I, 270 *bis*, I.—Duc., Bonn. et Roust., I, 320. — En sens contraire, Toull., 626. — Dur. II, 328.

semblable à celui qui est indiqué par les textes pour le consentement (art. 148) et pour l'opposition au mariage (art. 173)?

Marcadé, se fondant sur ce motif que chacun des ascendants, quel que soit son degré, est directement intéressé au maintien des bonnes mœurs dans la famille, leur accorde une action, à tous indistinctement. Mais, à mon avis, cette solution est mauvaise. Toutes » les théories du Code civil, dit M. Demolombe, » attestent, dans notre titre particulièrement, que les » droits et attributs de ce genre, qui prennent nais- » sance dans la puissance paternelle, et par lesquels » la loi veut procurer le bon ordre dans les famil- » les et, par suite, dans la société, que ces droits » et ces attributs sont toujours confiés aux ascen- » dants les plus proches (art. 142, 148, 150, 172, » 402).» Déroger à ce principe et admettre la possi- bilité pour tout ascendant quelconque d'attaquer le mariage, ce serait, au lieu de maintenir la concorde dans la famille, en troubler l'harmonie et y intro- duire une anarchie véritab'e. Si d'ailleurs la loi eût entendu se départir de ses règles hiérarchiques ordi- naires, elle n'eût pas manquer de s'en expliquer formellement, tandis qu'au contraire elle garde, sur ce point, un silence complet (1).

Mais de ce que les ascendants d'une même ligne ne sont pas tous investis simultanément du droit de proposer les nullités absolues, il ne suit certes pas

---

(1) Demol., III, 303. — En sens contr. Marc., art. 180.

que cette demande n'appartienne qu'aux ascendants les plus proches d'un seul des époux. C'est là une question toute différente, et il est bien clair qu'aucun motif de préférence n'existe au profit des ascendants de l'un sur ceux de l'autre. Et peu importe, bien entendu, de quelle espèce de nullité absolue il s'agisse, bigamie, inceste ou impuberté. C'est à tort, selon moi, que certains auteurs ont voulu, à cet égard, établir une règle spéciale pour l'impuberté en ne conférant, dans ce cas, l'action en nullité qu'aux parents de l'impubère (1). Pourquoi faire une distinction là où la loi n'en fait aucune? *Ubi lex non distinguit necnon distinguere debemus.*

IV. — **Le ministère public**, dans l'intérêt de la société, est également compris parmi les personnes qui peuvent attaquer un mariage frappé de nullité absolue (art. 184).

« Le procureur impérial, dans tous les cas aux-
» quels s'applique l'article 184, et sous les modifi-
» cations portées en l'article 185, *peut et doit* de-
» mander la nullité du mariage, du vivant des deux
» époux, et les faire condamner à se séparer (arti-
» cle 190). »

« Tout mariage qui n'a pas été contracté publique-
» ment, et qui n'a point été célébré devant l'officier
» public compétent, *peut* être attaqué... par le mi-
» nistère public (art. 191). »

---

(1) Toull. et Duvergier., I, 626.

La rédaction même de ces articles nous indique que, dans les cas d'une nullité fondée sur le défaut d'âge, la bigamie ou l'inceste, l'action du ministère public est obligatoire. Ce sont là, en effet, des violations de la loi attentatoire à l'ordre social et aux bonnes mœurs. Au contraire, dans le cas où la nullité résulte d'un manque de publicité ou de l'incompétence de l'officier civil, l'action est purement facultative pour le procureur impérial ; car ce sont là des vices moins graves que les premiers, et qui, d'ailleurs, sont susceptibles de plus ou de moins. Les juges ont alors un certain pouvoir discrétionnaire. Il était juste de laisser le même droit d'appréciation au ministère public.

Malgré les termes non équivoques de l'article 190, M. Demolombe (III, 311) pense que, même dans les hypothèses prévues dans cette disposition, la poursuite du procureur est encore facultative ; qu'il est certaines hypothèses spéciales dans lesquelles son action, loin d'être utile à la société, ne produirait que désordre et scandale. Les considérations du savant commentateur sont peut-être excellentes en législation, mais sont-elles admissibles en droit ? Le texte n'est-il pas trop clair pour se prêter à une telle interprétation ?

L'article 190 dit que le procureur doit demander la nullité du mariage du vivant des deux époux, et les faire condamner à se séparer. Cette dernière condamnation, comme le fait remarquer M. Demante, ne se prononce que pour l'honneur des principes, et

n'est pas susceptible d'être mise à exécution par voie
de contrainte.

Quand l'un des conjoints vient à mourir, le scandale de leur union prend fin naturellement, et dès
lors l'action publique destinée à l'arrêter n'a plus
de raison d'être. Aussi, l'article 190 déclare-t-il que
la demande en nullité dirigée par le procureur impérial doit avoir lieu du vivant des deux époux.

Ici s'élève la question de savoir si le ministère
public a qualité pour défendre contre d'injustes attaques un mariage légitime. Par exemple, le tribunal
annule un mariage, sur les conclusions d'un simple
particulier ; le procureur peut-il interjeter appel
comme partie principale ? L'affirmative est généralement adoptée et se fonde sur une loi de 1810, qui
confie au ministère public la mission de *poursuivre
d'office l'exécution des lois dans les dispositions qui
intéressent l'ordre public* (1).

V. — Nous venons d'examiner quelles personnes
ont un intérêt moral à faire prononcer la nullité de
l'union conjugale. Comme il s'agit ici de nullités
absolues, un simple intérêt pécuniaire suffit pour
rendre l'action recevable. « Tout mariage contracté
» en contravention aux dispositions contenues aux
» articles 144, 147, 161, 162 et 163 peut être
» attaqué..... par tous ceux qui y ont intérêt (art.

____

(1) Demol., III, 312. — Dem., I, 272 *bis*, III. — En sens contraire :
Zach., III, p. 240.

» 184). » L'article 187 ajoute : « Dans tous les cas
» où, conformément à l'article 184, l'action en nul-
» lité peut être intentée par tous ceux qui y ont in-
» térêt, elle ne peut l'être par les parents collatéraux,
» ou par les enfants nés d'un autre mariage, du
» vivant des deux époux, mais seulement quand ils
» y ont un intérêt né et actuel. »

Le but de ce texte est de déclarer la nécessité
d'un intérêt né et actuel pour ceux qui veulent intenter la demande. Si donc il s'agit d'un intérêt de
succession, une simple espérance ne suffirait pas, il
faudrait que l'hérédité fût ouverte. C'est là tout ce
que signifie l'article 187. En écrivant cette disposition, la succession à laquelle le rédacteur se référait
principalement, dans sa pensée, était celle des deux
époux ou de l'un d'eux. Il a déclaré, en conséquence, que le mariage ne pourrait pas être attaqué
du vivant des conjoints par les collatéraux ou par
les enfants nés d'une autre union.

Mais cette solution, qui s'applique à un cas
spécialement prévu par le législateur, n'est pas ex-
clusive. S'il se présentait une hypothèse dans laquelle
les collatéraux ou les enfants nés d'un autre mariage
eussent un intérêt de succession né et actuel, pendant l'existence même des deux époux, l'esprit de la
loi, devant prévaloir sur sa lettre, nous indique que
la demande en nullité serait admissible. Or, cette
hypothèse est parfaitement réalisable. Exemple : *Primus* meurt laissant un frère et un fils, *Secundus*,
qui a lui-même un enfant, *Tertius*; le fils est ap-

pelé à la succession (art. 745). Il renonce ou il est indigne; l'hérédité passe alors au petit-fils du défunt, *Tertius*. Mais le frère prétend que le mariage de *Secundus* est entaché de bigamie ou d'inceste, et qu'en conséquence *Tertius* n'a pas la qualité d'enfant légitime. S'il en est ainsi, l'hérédité sera dévolue au frère. Ce dernier a donc un intérêt actuel à faire annuler un mariage du vivant même des époux.

On peut citer une autre espèce où un semblable intérêt naîtrait encore pendant l'existence des conjoints, non plus au profit d'un collatéral, mais au profit d'enfants issus d'un autre mariage. Ainsi, *Primus*, qui a des enfants d'un premier mariage, en contracte un second qui est infecté de nullité absolue. Des enfants naissent de cette dernière union; puis un de ceux du premier lit vient à mourir en laissant des biens. Si le deuxième mariage est valable, les enfants du second lit viendront prendre leur part de l'hérédité; sinon ils en seront exclus. Les enfants issus de la précédente union ont par conséquent un intérêt réel actuel à invoquer la nullité, du vivant même des époux mariés illégalement.

Dans cette dernière espèce, la demande formée par des enfants contre leur père ou leur mère aurait quelque chose d'odieux, et bien que le principe de cette action découle de l'article 184, M. Demolombe (307) hésite à reconnaître un pareil droit aux enfants. Il justifie son hésitation par l'article 371 qui déclare que l'enfant à tout âge doit honneur et

respect à ses père et mère. M. Demante semble ne
considérer cette disposition que comme un précepte
de morale. C'est, dit-il, à la conscience des enfants
à leur dicter les sacrifices d'intérêt commandés par
l'honneur et le respect qu'ils doivent à leurs parents
(270 *bis*, II).

Il y a évidemment d'autres intérêts pécuniaires
que ceux qui dérivent d'une succession , et comme
l'article 184 ne distingue pas, il faut bien admettre
qu'un intérêt quel qu'il soit suffirait pour autoriser
une action en nullité. L'article 187, à la vérité, ne
s'occupe que de l'hypothèse d'une succession ; mais
il n'est pas limitatif. Son but est d'exiger l'actualité
de l'intérêt, exigence qui s'explique surtout quand il
s'agit d'hérédité. Je pense donc qu'un créancier
hypothécaire qui se verrait primé par l'hypothèque
légale d'une prétendue femme mariée (art. 2121),
ou bien le créancier direct de cette femme contre
lequel elle exciperait du défaut d'autorisation maritale (art. 217), seraient recevables, pour sauvegarder leurs droits et se soustraire aux effets légaux du
mariage, à en invoquer la nullité (1). C'est donc à
tort, selon moi, qu'un arrêt du 12 juillet 1838 de
la Cour de Douai a jugé que les demandes en nullités absolues n'appartiennent qu'à la famille et au
ministère public.

---

(1) Zach., II, p. 337. — Dur., X, 562. — Val. sur Proud., 1, p. 428,
note 6.— Demol., III, p. 304. — Mourl., *Rép. écr.*, I, sur l'art. 187.

SECTION III.

Les nullités absolues peuvent-elles se couvrir?

I. — Elles ne le peuvent, excepté dans le cas d'impuberté.

I. — Ces nullités sont perpétuelles. Aucune prescription ne saurait être invoquée contre elles ; car elles sont fondées sur des motifs d'ordre public. Elles sont, en principe, *continues et indéfinies*, comme le disait Portalis. L'article 196 ne contredit en aucune façon cette théorie. D'après cette disposition : « Lorsqu'il y a possession d'état, et que l'acte de » célébration du mariage devant l'officier de l'état » civil est représenté, les époux sont respectivement » non recevables à demander la nullité de cet acte. » Ce texte concerne uniquement les deux conjoints. Il s'applique non pas à la demande en nullité de mariage proprement dite, mais à la demande en nullité du procès-verbal constatant la célébration (1). Il est vrai que cette fin de non-recevoir que la possession d'état introduit contre les conjoints peut, en fait, équivaloir quelquefois à une péremption de l'action, par exemple, si aucune autre personne intéressée ne forme de demande, et si d'un autre côté les époux n'ont pas d'autre moyen d'attaquer

---

(1) Marc., I, 673. — Dem., I, 278 *bis*, I, et 278 *bis*, III. — Dur., II, 250 et 252. — En sens contraire Demol., III, 328. — Duc., Bonn. et Roust. sur l'art. 196.

leur mariage que la nullité de l'acte de célébration.
On comprend néanmoins toute la différence qui
existe entre cette fin de non-recevoir purement personnelle aux deux époux, et la prescription de l'action en nullité de mariage.

Ainsi, la demande fondée sur le défaut de publicité, l'inceste, la bigamie sera toujours recevable,
alors même que, dans ce dernier cas, l'action publique criminelle serait prescrite, aux termes de l'article 637 du Code d'instruction criminelle. Cette
disposition enveloppe l'action civile dans la même
prescription. Mais il ne faut pas confondre cette
dernière action avec notre demande en nullité.
L'action civile dont il est question dans l'article 637
du Code d'instruction criminelle est celle qui est destinée à réparer le dommage pécuniaire résultant d'un
crime, et dès lors elle est prescriptible comme toutes
les actions de ce genre, comme toutes les créances ;
car l'ordre public n'est nullement attaché à son im-
prescriptibilité.

Certains auteurs enseignent que la nullité dérivant
du défaut de publicité et de l'incompétence de l'officier de l'état civil (art. 191) est susceptible de se
couvrir par la possession d'état des deux conjoints.
En effet, dit-on, l'irrégularité du mariage consistant
ici dans sa clandestinité, il est raisonnable de donner à la publicité qui a suivi la célébration et précédé l'attaque dirigée contre l'union conjugale l'effet
d'une sorte de ratification. Celui qui prétend faire
prononcer la nullité de cette union, s'appuie sur ce

qu'elle n'a pas les caractères suffisants d'un mariage. Mais comment justifierait-il sa prétention, lorsque, dès avant sa demande, la société des deux conjoints a pris au contraire aux yeux de tous les signes non équivoques d'un véritable mariage(1)?

Cette théorie est spécieuse. Cependant, après quelques hésitations, je la crois contraire aux principes de la matière. Le défaut de publicité est une nullité absolue et par conséquent perpétuelle et insanable. Reconnaître aux parties la possibilité de ratifier un mariage clandestin, permettre à la possession d'état d'effacer le vice originaire, c'est faire passer la clandestinité dans la catégorie des nullités relatives, contrairement à la doctrine de tous les interprètes du Code. Pas de publicité, pas de mariage; tous les commentateurs en conviennent. Comment un acte absolument nul pourrait-il devenir valable après un certain temps? *Quod nullum est ab initio nullo lapsu temporis convalescere potest.* Sans doute la publicité se compose de plusieurs éléments, et c'est aux juges à apprécier dans leur sagesse si les irrégularités de la célébration sont assez nombreuses et assez importantes pour constituer un véritable défaut de publicité; mais il n'en est pas moins vrai qu'ils doivent faire porter leur examen au moment même de la célébration. Si donc à cette époque les magistrats décident qu'il y a eu clandestinité, ils doivent nécessairement annuler l'union conjugale, et aucun acte postérieur

---

(1) Marc., I, 669.

ne peut influer sur cette décision (1). Ils peuvent, au contraire, déclarer que les faits invoqués ne sont ni suffisants ni assez graves pour engendrer un défaut de publicité ; et sur ce point leur appréciation échapperait à la censure de la Cour de cassation. Mais si, après avoir constaté une clandestinité caractérisée, ces magistrats refusaient de frapper de nullité un mariage, en se fondant sur les circonstances qui ont suivi sa célébration, leur arrêt serait alors contraire à la loi, et de nature par conséquent à être brisé par la Cour suprême.

Quant à la nullité résultant du défaut d'âge des deux époux ou de l'un d'eux, nous savons qu'elle est soumise à des règles spéciales qui la distinguent des autres nullités absolues, bien qu'elle soit généralement rangée dans leur catégorie. Ainsi, d'une part, elle est refusée à certaines personnes, et, d'autre part, elle se couvre par un certain laps de temps.

L'article 185 s'exprime ainsi : « Néanmoins le » mariage contracté par des époux qui n'avaient » point encore l'âge requis, ou dont l'un d'eux n'a- » vait point atteint cet âge ne peut plus être attaqué, » 1° lorsqu'il s'est écoulé six mois depuis que cet époux » ou les époux ont atteint l'âge compétent ; 2° lors- » que la femme qui n'avait point cet âge a conçu » avant l'échéance de six mois. » Ainsi plus d'action en nullité possible pour cause d'impuberté, quand le mari est âgé de dix-huit ans et demi ou la femme de

____

(1) Fenet, IX, p. 172.

quinze ans et six mois. Il en est de même si cette dernière est devenue enceinte avant d'avoir atteint l'âge de quinze ans et demi, mais en supposant, bien entendu, que son conjoint soit pubère ; car autrement, s'il est vrai de dire que le défaut d'âge de la femme ne puisse plus faire annuler le mariage, l'impuberté du mari, au contraire, peut fort bien être invoquée dans ce but. A l'égard de ce dernier, l'état de la femme ne prouve rien, puisqu'il peut être le résultat d'un adultère. Tel est bien certainement le sens de notre article, bien que sa rédaction ne soit pas suffisamment claire.

La fin du texte présente aussi un sens un peu obscur, au premier abord. Il déclare que le vice d'impuberté n'est plus recevable, quand il y a eu conception avant l'échéance de six mois. A s'en tenir à la lettre de la loi, il semblerait, d'après les propositions précédentes, qu'il s'agit des six mois qui suivent l'âge de puberté ; en sorte que le mariage pourrait toujours être annulé, à cause de la trop grande jeunesse de l'épouse, bien que celle-ci fût enceinte, si elle avait moins de quinze ans et demi. Mais une telle interprétation est repoussée justement par tous les auteurs. Il est bien certain qu'une demande en nullité pour cause d'impuberté de la femme ne doit pas être accueillie, dans l'hypothèse d'une conception, c'est-à-dire quand cette impuberté alléguée se trouve démentie par l'évidence même.

D'après notre article, la nullité est couverte après un laps de six mois, depuis que les époux ont atteint l'âge compétent. C'est là une innovation législative qui, à mon sens, n'est pas très-heureuse. Quelle est, par hypothèse, la seule condition qui fait défaut? c'est la puberté. Or, cette puberté accomplie, pourquoi permettre encore une demande en nullité pendant six mois? Dans le droit romain et dans notre ancienne jurisprudence (1) l'union devenait inattaquable dès que le conjoint trop jeune était parvenu à l'âge légal. Quoi qu'il en soit, le législateur actuel a donné une décision différente et autorisé l'action encore six mois, à partir de cette époque.

En présence des termes formels de la loi, il faut bien reconnaître que la ratification expresse ou tacite des époux ne couvrirait pas le vice absolu. On serait peut-être tenté de voir dans cette ratification une fin de non-recevoir personnelle contre les conjoints, en n'accordant l'action qu'aux autres intéressés. Cependant, je repousse ce tempérament, qui me semble contraire à la rédaction générale de l'article. D'ailleurs, on peut répondre que le délai de six mois accordé aux jeunes époux a sa raison d'être dans la faiblesse de leur âge et dans une inexpérience qui ne leur permet pas d'être suffisamment édifiés sur les conséquences graves de leur mariage (2).

M. Demante (I, 268 *bis*, II), poussant la logique de ce système à ses dernières limites, enseigne que la mort de l'un des époux avant l'expiration des six

---

(1) L. 4, *de Ritu Nupt.*, ff. — Poth., 95.
(2) Dem., I, 268 *bis*, I. — Zach., III, p. 256. — Cass. 4 nov. 1822. — En sens contr. : Demol., III, 318.

mois aurait pour effet de perpétuer indéfiniment l'action en nullité ; car, d'après l'éminent commentateur, ce décès rendrait impossible « la confirmation que » la loi semble attacher à la persévérance prolongée » dans le consentement. » Cette solution est bien rigoureuse ; et d'ailleurs, découle-t-elle nécessairement des prémisses posées? Le silence des époux pendant six mois efface le vice de leur union ; mais conclure *à contrario* que la mort de l'un d'eux laisse subsister ce vice et le perpétue indéfiniment, n'est-ce pas aller trop loin, et considérer, pour ainsi dire, ce décès comme la présomption que le défunt aurait intenté une action en nullité ?

Quand l'épouse n'a pas atteint l'âge requis, sa grossesse couvre le vice originaire du mariage ; et, dès lors, toute action postérieure ne saurait être admise. Mais si la demande a précédé la conception, elle devrait suivre son cours, sans qu'on pût exciper de l'état de la femme. Et en effet, d'après le texte, le mariage ne peut plus être attaqué lorsque la femme a conçu, donc tant qu'elle n'a pas conçu, l'action est possible et doit produire son effet. En vain objecterait-on que la grossesse constatant la puberté de la femme, une demande pour cause de puberté se trouve être sans fondement ; autant on en pourrait dire quand les époux ont atteint l'âge légal, et cependant nous savons que, dans cette hypothèse, l'action n'est pas entravée (1).

---

(1) Dur., II, 320. — En sens contr., Demol., III, 320,

Voyons maintenant à quelle personne la loi refuse l'action en nullité pour défaut d'âge.

« Le père, la mère, les ascendants et la famille
» qui ont consenti au mariage contracté dans le cas
» de l'article précédent, ne sont point recevables à
» en demander la nullité (art. 186). »

Il s'agit ici des personnes dont le consentement formel était requis pour le mariage ; on le voit par l'ordre même dans lequel elles sont dénommées dans le texte. « Il ne faut pas, disait Portalis, qu'ils
» puissent se jouer de la foi du mariage, après
» s'être joué des lois. » Quant aux autres parents qui d'une manière quelconque, par exemple en assistant aux cérémonies de la célébration, auraient approuvé l'union conjugale, ou même l'auraient favorisée, il n'en est pas question dans notre article 186. Ceux-là n'ayant aucun droit de s'opposer à l'union conjugale ne peuvent encourir le reproche de s'être joué des lois (1).

L'article 186, en déniant aux parents qui ont donné leur consentement au mariage le droit d'en demander la nullité pour défaut d'âge légal, semble paralyser chez les ascendants et la famille l'action en nullité pour cause d'impuberté. Car, de deux choses l'une, ou bien les ascendants ou le conseil de famille ont adhéré à l'union matrimoniale, auquel cas la loi les déclare non recevables à agir, ou bien ils n'y ont pas consenti, et alors l'action fondée sur l'im-

____

(1) Poth., 448. — Demol., III, 322. — Dem., I, 269 bis I.

puberté est ici superflue, car ils peuvent invoquer le défaut de consentement (art. 182). Cependant, malgré la force apparente de ce dilemme, il est facile de s'assurer que la nullité du mariage pour impuberté n'est pas une arme inutile entre les mains des ascendants. En effet, l'action qui a sa base dans le défaut de consentement se prescrit rapidement (article 182); et dans cette hypothèse, la faculté que les parents auront ainsi perdue, ils la recouvreront, en la puisant dans le principe de l'article 184. D'un autre côté, les parents qui ont donné leur autorisation au mariage, et qui, par suite, sont déchus du droit de le faire annuler, peuvent décéder avant l'expiration des six mois qui suivent la puberté des époux; dans ce cas l'exercice de la puissance paternelle passe à d'autres parents auxquels compétera dès lors l'action en nullité. Au surplus, le consentement d'un ascendant ne forme contre lui une fin de non-recevoir à l'action de l'article 184, que si l'autorisation au mariage a été donnée en pleine connaissance de cause, et si l'ascendant n'a pas été trompé sur l'âge véritable de l'enfant (1).

CHAPITRE III.
Des nullités relatives.

Cette matière est l'objet des articles 180 à 183. Il s'agit seulement dans ces textes de deux causes

---

(1) Val. sur Proudh., I, p. 438. —Demol., III, 323. — Mourl., *Rép. écr.*, I, sur l'article 180.

spéciales de nullités relatives : 1° vices du consentement de l'un des conjoints ; 2° défaut d'autorisation des personnes sous la puissance desquelles les époux se trouvaient relativement au mariage. Nous allons examiner en détail chacune de ces catégories de nullités relatives ; et, dans le chapitre suivant, nous nous demanderons s'il n'y a pas des nullités soit absolues, soit relatives autres que celles expressément prévues par les articles du Code.

SECTION PREMIÈRE.

Vices du consentement de l'un des conjoints.

I. — L'article 180 s'occupe non du défaut absolu de consentement, mais du consentement vicié. — Le dol n'est pas une cause de nullité de mariage. — De la violence. — De la séduction. — De l'erreur dans la personne ; controverse.

II. — Par quelles personnes cette nullité peut être proposée. — Elle est personnelle et intransmissible. — Elle peut être couverte par une ratification expresse ou tacite. — Elle est imprescriptible.

I. — L'article 180 s'exprime ainsi : « Le mariage » qui a été contracté sans le consentement libre des » deux époux, ou de l'un d'eux, ne peut être attaqué » que par les époux, ou par celui des deux dont le » consentement n'a pas été libre. — Lorsqu'il y a » erreur dans la personne, le mariage ne peut être » attaqué que par celui des deux époux qui a été » induit en erreur. »

Ce texte s'occupe seulement d'une imperfection dans le consentement de l'un des conjoints, mais non pas aussi, comme l'ont prétendu certains auteurs, du défaut absolu de consentement (1). Selon ces interprètes, les articles 180 et 181 ne seraient qu'une application particulière de l'article 146, d'après lequel « il n'y a pas de mariage sans consentement. » Cette théorie est insoutenable, en présence des travaux préparatoires et des textes eux-mêmes. La rédaction primitive de l'article 146 contenait deux propositions : 1° Il n'y a pas de mariage sans consentement ; 2° il n'y a pas de consentement quand il y a violence ou erreur sur la personne. Le premier consul critiqua justement cette disposition qui confondait l'inexistence avec le vice du consentement, confusion que n'avaient jamais faite les législateurs précédents. (Poth., 305.) En effet, celui qui contracte un mariage sous l'empire de certaines menaces, compare mentalement le mal qui pour lui résultera de son union avec le mal qui l'attend, en cas de refus; si donc il donne son consentement, il ne le fait qu'avec une certaine réflexion. Sa volonté existe, malgré la violence dont elle est infectée : *qui mavult vult; coacta voluntas, voluntas est; volui quia coactus volui* (2). Bonaparte ne fit qu'appliquer ces idées en demandant qu'on distinguât, comme précédemment, « le » cas où l'officier de l'état civil supposerait un con- » sentement qui n'aurait pas été donné, *même for-* » *cément*, et le cas où il y aurait eu un consente- » ment non libre. On a dit que dans le premier cas

---

(1) Toull., I, 501 et 504. —Dur., II, 263 et 269.
(2) Loi 21, 6, *quod metus* ff.

» il n'y a pas de mariage, que dans le second il y a
» un mariage, mais qu'il peut être déclaré nul. On a
» également distingué entre l'erreur sur l'individu
» physique et l'erreur sur ses qualités civiles, et il a
» été reconnu qu'il n'y a pas de mariage lorsqu'un
» individu est substitué à celui que l'on a consenti
» d'épouser; mais qu'au contraire, il y a mariage,
» mais mariage susceptible d'être cassé, lorsque l'in-
» dividu, étant d'ailleurs physiquement celui sur le-
» quel le consentement a porté, n'appartient cepen-
» dant pas à la famille dont il a pris le nom (1). »
A la suite de ces observations, on retrancha le second alinéa de l'article 146, et on fit une disposition
spéciale, l'article 180 ; par ce moyen, on distingua
complétement le défaut de consentement du consentement vicieux.

Les textes ne sont pas moins concluants. L'article 180 ne parle pas d'un mariage contracté sans le
consentement des deux époux, mais de celui qui a
été célébré sans un *consentement libre;* il ajoute que
cette union pourra être attaquée par le conjoint *dont
le consentement n'a pas été libre.* L'article suivant
fixe un délai qui court non pas du moment où l'é-
poux aurait consenti, mais du moment où *il a acquis
sa pleine liberté.* Si d'ailleurs il était ici question du
manque absolu de consentement, le mariage n'existerait pas et aucun laps de temps ne pourrait lui
donner l'existence, *quod nullum est ab initio nullo*

____

(1) Séance du 24 frimaire an X.

lapsu temporis convalescere potest. Or, d'après l'article 181, l'union est inattaquable au bout de six mois. C'est assez dire qu'elle existait déjà et, par suite, qu'il y avait eu un véritable consentement. De toutes ces considérations il résulte que les hypothèses prévues par les articles 180 et 181 sont entièrement distinctes de celle dont s'occupe l'article 146. C'est en ce sens que se prononce aujourd'hui la presque unanimité des jurisconsultes (1). Si donc le cas difficilement réalisable d'une substitution de personne, devant l'officier civil, se présentait à l'insu de l'autre partie, ou si l'un des conjoints était privé de ses facultés mentales, au moment de la célébration, il y aurait lieu d'appliquer l'article 146. Le mariage serait nul de nullité absolue.

Mais quels sont les vices du consentement dont traitent les articles 180 et 181?

Le titre *des contrats* nous indique trois vices de consentement entraînant la nullité de la convention, l'erreur, la violence et le dol (art. 1109 et 1117). Le dol n'est d'ailleurs une cause de nullité qu'en raison de l'erreur qu'il produit (1116). En principe, il ne donne lieu qu'à une demande en dommages-intérêts contre son auteur, et s'il peut quelquefois amener la rescision du contrat, c'est seulement quand le cocontractant est lui-même l'auteur de ce dol. Cette théorie se conçoit à merveille, en matière de con-

---

(1) Demol., III, 246 et 247.—Marc., I, 627.—Dem., I, 262 *bis*, I.—Duc., Bonn. et Roust., I, 316.

trats pécuniaires; mais il en est autrement quand il
s'agit d'un contrat d'une toute autre espèce, comme
le mariage. Dans ce cas, « une réparation pécuniaire,
» dit M. Demolombe, est de tous points impossible ;
» donc la rescision du contrat, qui n'en est que l'é-
» quivalent et le moyen, ne saurait avoir lieu. » Jamais les manœuvres frauduleuses d'une des parties
ou d'un tiers n'ont été une cause d'annulabilité de
l'union matrimoniale. Témoin cet aphorisme un peu
brutal de Loysel : *En mariage trompe qui peut.* C'est
donc avec raison que nos articles 180 et 181 n'é-
numèrent pas le dol parmi les vices du consentement susceptibles de faire annuler le mariage.

Les deux seuls vices du consentement dont il est
question dans nos textes sont : le défaut de liberté,
c'est-à-dire la violence, et l'erreur dans la personne.

Voyons d'abord le défaut de liberté. On doit appliquer ici les règles du droit commun sur la violence, contenues dans les articles 1111 à 1114. Ces
dispositions sont éminemment raisonnables et laissent
un certain pouvoir d'appréciation aux juges. « La
» violence exercée contre celui qui a contracté l'obli-
» gation, est une cause de nullité, encore qu'elle ait
» été exercée par un tiers autre que celui au profit
» duquel la convention a été faite (art. 1111). »—« Il
» y a violence lorsqu'elle est de nature à faire im-
» pression sur une personne raisonnable, et qu'elle
» peut lui inspirer la crainte d'exposer sa personne
» ou sa fortune à un mal considérable et présent.
» On a égard, en cette matière, à l'âge, au sexe et

» à la condition des personnes (art. 1112). »—« La
» violence est une cause de nullité du contrat non-
» seulement lorsqu'elle a été exercée sur la partie
» contractante, mais encore lorsqu'elle l'a été... sur
» ses descendants ou ses ascendants (art. 1114). »
« — La seule crainte révérentielle envers le père, la
» mère ou autre ascendant, sans qu'il y ait eu de
» violence exercée, ne suffit pas pour annuler le
» contrat (art. 1114). »

Ces décisions s'adaptent parfaitement à notre matière. On peut même dire que la dernière semble faite spécialement pour le mariage. Ce n'est qu'une reproduction d'une loi romaine : *Si patre cogente ducit uxorem quam non duceret si sui arbitrii esset, contraxit tamen matrimonium* (1).

Le rapt n'est plus à lui seul une cause de nullité, si la personne ravie a donné un libre consentement à la célébration ; car alors on ne peut pas arguer de violence. Il en était autrement dans le droit de Justinien (2) et sous l'ancienne jurisprudence. L'ordonnance de 1639 « déclare nuls les mariages faits
» avec ceux qui ont ravi des veuves ou filles , de
» quelque âge ou condition qu'elles soient, sans que
» par le temps ni par le consentement des personnes
» ravies, de leurs père et mère, tuteurs, ils puissent
» être confirmés, *tandis que* les personnes ravies
» sont en la puissance du ravisseur. »

___

(1) Loi 22 *de Ritu Nupt.* ff. — En ce sens : Demol., III, 248. — Demol., 262 *bis*, IV.—Dur., II, 40 et suiv.—Duc., Bonn. et Roust., 317.
(2) Loi unique, au Code, *de Raptu.*

La violence est-elle le seul vice qui puisse constituer ce que la loi appelle un consentement non libre? La séduction n'enlève-t-elle pas aussi au consentement sa liberté entière? Par exemple, le mariage que contracterait avec une courtisane habile un jeune homme de vingt et un ans sans ascendants, serait-il toujours bien réfléchi et réunirait-il tous les caractères de validité? Marcadé enseigne la négative et déclare une telle union susceptible d'être annulée, pour vice de consentement. L'ancien droit adoptait la même solution et plaçait la séduction sur la même ligne que le rapt (1).

Malgré ces autorités, je ne pense pas que, dans notre législation actuelle, la séduction soit un motif d'annuler un mariage. Pothier l'assimilait au rapt; mais chez nous le rapt n'est pas une cause de nullité; et d'ailleurs la séduction n'avait cet effet que si elle avait été exercée contre des mineurs. Or, si un mineur de vingt et un ans, captivé par les charmes et les artifices d'une femme, s'est uni à elle, en remplissant toutes les formalités légales et en obtenant le consentement régulier de ses ascendants ou de son conseil de famille, sous quel prétexte viendrait-il demander la nullité de ce mariage? Les avis de ses parents lui ont-ils fait défaut? N'a-t-il pas eu le temps de réfléchir pendant tous les délais qu'entraînent virtuellement les conditions nécessaires à la célébration? Si, au contraire, il est parvenu à accomplir cette al-

____

(1) Poth., 228 à 230.

liance sans l'autorisation de sa famille, l'action sera possible, non point pour cause de séduction, mais pour défaut du consentement des ascendants (art. 182). Sans doute, si le jeune homme est majeur de vingt et un ans et se trouve sans ascendants, il n'aura plus contre les entraînements de sa passion cette ressource salutaire qui réside dans l'obligation d'obtenir l'adhésion ou de requérir le conseil de ses parents. Cependant, ici encore, je repousserais l'idée d'un vice de consentement pour défaut de liberté suffisante. Ce serait, selon moi, forcer le sens des mots. La séduction a bien pu altérer le jugement du mari, influencer jusqu'à un certain point et précipiter sa volonté ; mais, pas plus que le dol, elle n'a dû en détruire complétement la liberté. Tous les jurisconsultes refusent de reconnaître au dol les caractères d'une cause de nullité, et il est bien certain qu'il altère la liberté du consentement tout autant que la séduction, sinon davantage (Demol., 250).

L'erreur, avons-nous dit, est encore un vice du consentement, et, par suite, peut être une cause de nullité relative du mariage. Mais une erreur quelconque ne suffit pas, toujours et sans distinction, pour faire prononcer la cassation de l'union matrimoniale. En matière ordinaire, l'erreur qui engendre la rescision des contrats est celle qui porte sur la substance même de la convention. Ici, les rédacteurs semblent avoir fait l'application du même principe. La substance du contrat de mariage réside dans la considération de la personne à laquelle on s'unit. Aussi, la

seule erreur qui puisse constituer un motif d'annulation du mariage, c'est l'*erreur dans la personne*
(art. 180).

Mais quel est le sens précis de cette expression :
« erreur dans la personne? » C'est là une des questions les plus vivement débattues par les commentateurs et les jurisconsultes.

Trois opinions principales sont en présence.

Dans la première, l'erreur cause de nullité du
mariage serait l'erreur sur la personne physique, sur
l'individu même. Ainsi, je crois épouser Marie que
je connais parfaitement, et une autre femme, Jeanne,
se présente couverte d'un voile devant l'officier de
l'état civil. Malgré la célébration j'aurai une action
en nullité contre cette union dans laquelle j'ai été le
jouet d'une fraude indigne.

Ce système se réfute de lui-même et ne se sou-
tient pas devant la moindre réflexion. Un législateur
ne s'amuse pas à édicter une disposition de loi spéciale pour consacrer une théorie dont l'application
pratique est irréalisable. La substitution d'une femme
à une autre est matériellement impossible et serait
sifflée sur la scène. Laissons de semblables faits à la
légende de la Genèse, où nous voyons Laban trom-
per son gendre Jacob, en lui faisant passer Lia pour
Rachel avec laquelle ce gendre avait célébré ses
noces dans la journée, et à qui il était fiancé depuis
sept années (1).

____

(1) Gen., ch. 29. — On sait que Jacob s'aperçut de la supercherie

Si d'ailleurs une pareille substitution pouvait avoir lieu, il est bien certain que le mariage ne serait pas seulement frappé d'une nullité relative, mais complétement nul et inexistant, et qu'il resterait toujours tel, sans pouvoir être validé par aucun laps de temps. Il faudrait alors appliquer l'article 146. N'est-il pas évident, en effet, qu'on ne saurait parler de consentement vicié là où ce consentement fait absolument défaut. Quand l'officier de l'état civil, me désignant Jeanne que je crois être Marie, me dit : « Consentez-vous à prendre pour épouse Marie, ici présente? » et que je réponds affirmativement, cette réponse s'applique à Marie et non pas à Jeanne. Au surplus, si telle était l'espèce prévue par l'article 180, l'article suivant ne viendrait pas donner à l'époux trompé un délai de six mois, depuis *la découverte de son erreur*, pour intenter une demande en nullité; ce qui suppose une erreur qui peut n'être reconnue que plus ou moins longtemps après le mariage.

Il est inutile d'insister davantage pour démontrer l'inadmissibilité d'un pareil système. Aussi est-il aujourd'hui repoussé par tous les auteurs.

Puisqu'il n'est pas question dans notre article 180 de l'erreur dans la personne physique, il s'agit donc

---

le lendemain matin, et qu'il s'en plaignit à son beau-père, car Lia « avait les yeux chassieux, au lieu que Rachel était belle et fort agréable » (verset 27). » Laban s'excusa fort tranquillement d'avoir violé la foi jurée : « Ce n'est pas la coutume ici, dit-il, de marier les filles les » plus jeunes avant les aînées (verset 26). Passez la semaine avec celle-» ci, je vous donnerai l'autre ensuite (verset 27). » Jacob accepta cette singulière transaction (verset 28).

de l'erreur sur la personne morale, c'est-à-dire sur les qualités de cette personne. Sur ce point, les interprètes du Code sont aujourd'hui d'accord ; mais ils se divisent dans l'application. Les uns soutiennent qu'il faut considérer seulement les qualités constitutives de la personnalité civile, celles qui font que telle personne porte tel nom, appartient à telle famille, occupe telle position dans la société. Ainsi, un homme se présente avec de faux papiers qui lui attribuent une naissance noble, tandis qu'il n'est en réalité qu'un vil aventurier. Voilà une erreur dans la personne civile, erreur prévue par notre texte et dont l'existence peut donner lieu à l'annulation du mariage (1).

Dans une autre opinion plus large, l'article 180 prévoit non-seulement l'erreur sur les qualités civiles, mais encore l'erreur sur les qualités de la personne considérée au point de vue social et moral. Ainsi, une jeune fille de bonne famille, croyant s'allier à un honnête homme, épouse un criminel qui a passé plusieurs années dans les bagnes; ou bien, un jeune homme honorable s'unit avec une femme qui a fait métier public de prostitution, et qui, au moyen de manœuvres habiles, est parvenue à dissimuler sa flétrissure.

Pour mon compte, je n'hésite pas à adopter cette dernière opinion, qui est aussi celle de MM. Demo-

---

(1) Proudhon, I, p. 393. — Bugn. sur Poth., 310. — Duc., Bonn. et Roust., sur l'article 180. — Mourl., Rép. écr., sur l'article 180. — Val., Expl. somm., p. 106. — Cour de Paris, 4 fév. 1860. — Cour d'Orléans, 1861. — Cour de cass., 24 avril 1862, toutes chambres réunies.

lombe et Marcadé. D'abord, *à priori* et sans entrer dans un examen approfondi de la question, ce système ne semble-t-il pas le meilleur? En effet, il est bien démontré que l'erreur dont parle l'article 180 porte sur les qualités, et non pas sur l'individu physique. Or, les textes ne s'expliquant pas sur ces qualités, n'en déterminant ni la nature ni la gravité, n'est-il pas raisonnable de se conformer, à cet égard, aux règles de l'équité naturelle et de la conscience, en laissant à la sagesse des magistrats un certain pouvoir d'appréciation? Restreindre l'erreur dans la personne à l'erreur sur les qualités civiles, n'est-ce pas donner au sens du texte une limite arbitraire que rien ne justifie?

On a essayé d'invoquer les travaux préparatoires à l'appui de la doctrine que je combats. Mais il faut bien avouer que ces travaux n'ont rien de concluant. On s'en empare dans toutes les opinions, et on n'est certes pas embarrassé d'y trouver des paroles en faveur de chacune d'elles. Aussi, je laisserai de côté cet ordre d'arguments, sans crainte d'encourir le reproche de partialité, car il me serait facile d'en tirer profit. On en peut juger par les citations suivantes. A la séance du 24 frimaire an X, Tronchet s'exprimait ainsi : « Certainement un honnête homme » ne répudierait pas une épouse vertueuse ; mais lors- » qu'il a été trompé, *même sur le caractère*, faut-il » qu'il demeure irrévocablement lié?.... Les prin- » cipes sont que le consentement fait le mariage, et » qu'il n'y a pas de consentement lorsqu'il y a er-

» reur (1). » — Régnier disait : « On pourrait au-
» toriser les tribunaux *à juger si l'erreur a influé sur*
» *le consentement;* car il est des circonstances où ce
» serait *une extrême rigueur* que d'obliger l'époux
» trompé à demeurer sous le joug du mariage (2). »
Boutteville, au Corps législatif, disait de son côté :
« Pour régler les cas où il y a erreur sur la per-
» sonne, on a demandé s'il fallait s'attacher aux
» seules qualités physiques, ou si les qualités mo-
» rales devaient être également considérées. ... Les
» *décisions de la justice dépendent nécessairement des*
» *faits particuliers à chaque espèce. Le plus grand*
» *acte de sagesse du législateur est de s'en remettre*
» *à celle des tribunaux.* Point de consentement, con-
» séquemment *de consentement parfaitement libre,*
» point de mariage. *Ce fanal dirigera bien plus sû-*
» *rement les juges que des idées métaphysiques ou*
» *complexes qui ne pourraient faire que les embar-*
» *rasser ou les égarer* (3). »

Quelle que soit la valeur de ces citations, je n'entends pas m'en prévaloir; car les discussions de la
loi dans les travaux préparatoires renferment sur ce
point, comme sur tant d'autres, une véritable confusion.

Consultons la tradition. Pothier déclare que « l'er-
» reur qui ne tombe que sur certaines qualités de
» la personne ne détruit pas le consentement pour

____

(1) Fenet, IX, p. 107.
(2) Fenet, IX, p. 185.
(3) *Id.,* p. 201.

» le mariage, et n'empêche pas, par conséquent,
» le mariage d'être valable (310). » Ce jurisconsulte
ne considère donc comme erreur suffisante à la cassation du mariage que l'erreur sur la personne physique, c'est-à-dire celle qui résulte de la substitution
d'une personne à une autre, théorie qui pouvait s'expliquer sous l'ancien régime, où les mariages par
procuration étaient permis, mais qui aujourd'hui est
parfaitement inadmissible.

La tradition, aussi bien que les discussions du Code,
est impuissante à nous donner une solution. Que
faire? Avoir recours aux textes? Mais la loi est d'une
concision désespérante; elle n'explique rien, ne dé-
termine rien. Un point est seulement hors de contestation; c'est que l'article 180 n'a pas en vue l'erreur
sur l'identité physique de la personne, mais sur ses
qualités. Or, nous l'avons déjà dit, en vertu de quel
droit viendrait-on limiter ces qualités à celles qui
constituent la personnalité civile? N'est-il pas plus
simple de s'en référer à la sagacité et à la prudence
des tribunaux? En matière de contrats ordinaires,
l'erreur sur la *substance* de l'objet est une cause de
rescision; or, qu'est-ce que la substance, ici, si ce
n'est l'ensemble des qualités principales de la personne civile, sociale ou morale?

Objectera-t-on la sainteté, l'indissolubilité du mariage? Cet argument n'est qu'une pétition de principe; il n'y a pas lieu d'invoquer le motif d'indissolubilité de l'union matrimoniale, puisque la réalité
même de cette union est en jeu. Elle ne peut résul-

ter que d'un consentement libre et éclairé; or, la question est précisément d'examiner la validité de ce consentement. Il ne s'agit donc pas de porter atteinte à la stabilité d'un mariage, mais de voir si ce mariage existe ou n'existe pas.

On reproche à notre doctrine d'être une source intarissable de procès, d'ouvrir une voie aux récriminations peu légitimes d'un grand nombre d'époux trompés dans leurs espérances, de porter atteinte à la sécurité des familles, et, par suite, d'ébranler l'ordre social tout entier (1). Les faits déposent contre de semblables exagérations. Le Code est rédigé depuis près de soixante ans, et c'est à peine si l'on compte six ou sept demandes en nullité de mariage pour erreur de consentement, et pourtant cette théorie qu'on prétend si dangereuse ne date pas d'hier.

On comprend, en effet, qu'une simple déception sur les talents, sur la fortune ou sur la vertu d'un conjoint ne suffirait pas à légitimer la cassation d'un mariage. Il faut pour cela une erreur profondément grave et dont la découverte soit une révé-

---

(1) Voir un des considérants de l'arrêt du 4 février 1860 précité. Cet arrêt fut cassé le 11 février 1861. Le 30 décembre suivant, les mêmes magistrats, dont la décision avait été censurée par la Cour suprême, eurent à juger une nouvelle demande en nullité de mariage. Ils saisirent cette occasion pour confirmer leur première doctrine dans un nouvel arrêt habilement motivé, qui, à son tour, critique très-directement la théorie de la Cour de cassation sur l'article 180. — Affaire *Grolée-Virville*. Voir *le Droit* du 20 décembre 1861 et du 1er janvier 1862. Conclusions conformes de l'avocat général Barbier. Très-belle plaidoirie de Me Jules Favre pour le demandeur.

lation terrible pour l'époux trompé. Ainsi, quand les conjoints ne sont pas des vieillards, l'impuissance certaine et telle qu'elle s'oppose à la consommation même du mariage, l'état de forçat libéré chez un homme qui passait pour honorable, la prostitution publique à laquelle s'est livrée une jeune fille qu'on croyait pure, *pourraient être*, comme le pense Marcadé (n° 638), de justes causes d'annulation. Je dis *pourraient être* et non pas *seraient toujours*, car dans ces différentes hypothèses il faut considérer le caractère et la moralité de l'époux demandeur. Les juges auront toujours cette question préalable à vider : à supposer que l'erreur dans la personne soit démontrée, cette erreur a-t-elle été suffisante pour vicier le consentement du conjoint trompé et l'altérer dans son essence, ou bien n'est-elle pas, au contraire, relativement sans gravité, eu égard à la situation morale de ce conjoint ? Ainsi, tel homme dont l'honorabilité est à l'abri de tout soupçon pourra réussir dans une action en nullité qui serait inadmissible chez tel autre déjà flétri par la justice, ou dont les vices et l'improbité sont de notoriété publique. Mais qu'une jeune fille issue d'une famille honnête soit la victime d'un aventurier échappé du bagne; que, trompée par d'odieuses manœuvres, elle l'épouse, croyant s'unir à un mari sans tache; puis, après la découverte de l'horrible vérité, après que la vie commune avec cet être dégradé est devenue impossible, que cette jeune femme soit obligée cependant de partager avec lui sa table, sa couche et pour ainsi dire son ignominie, qu'elle soit condamnée par une loi inflexible et inhumaine, au nom de je ne sais quelle nécessité sociale, à cette sorte de supplice plus horrible que la mort, voilà ce qui révolte la conscience et ce qu'un législateur moderne n'a jamais pu édicter !

D'après Marcadé (638), il pourrait y avoir cause de nullité, en vertu de l'article 180, 2°, dans le refus, de la part d'un des conjoints, de procéder à la célébration religieuse. Cette solution, bien entendu, n'est pas absolue et dépendrait des circonstances. S'il s'agit, par exemple, d'une jeune fille profondément catholique, élevée dans des sentiments religieux rigoureux, exagérés même, mais enfin respectables, surtout dans un siècle de tolérance ; si un homme, pour obtenir sa main, feint de partager toute la piété de sa fiancée, en affichant ses prétendues convictions par des pratiques extérieures assidues ; puis, si après s'être marié devant l'officier de l'état civil, il jette le masque et refuse de faire bénir son union devant le prêtre ; dans cette situation, on conçoit que la femme puisse refuser légitimement une cohabitation qui lui semble criminelle, et intenter une action en nullité de mariage, motivée sur l'erreur dans la personne. Sans doute, pour accueillir une semblable prétention, il faudrait que les faits fussent bien graves et bien démontrés ; mais enfin s'ils sont tels, je ne crois pas qu'il y ait à hésiter pour prononcer l'annulation de l'union conjugale.

Une demande en nullité de mariage s'est présentée récemment dans des circonstances singulières et peut-être uniques. Il s'agissait d'une jeune fille qui, au dire du demandeur, ne se serait engagée dans les liens matrimoniaux que par une pensée de vanité et seulement pour conquérir un titre de marquise, et qui, après la célébration accomplie, se serait soustraite à la loi du mariage en s'éloignant constamment de son époux avec une invincible obstination. Le mari offrait de prouver la non-consommation du mariage, la préméditation de la jeune femme dans cette sorte de guet-apens conjugal, l'énergie incessante et insurmontable de ses refus. Ces preuves faites, il concluait à la nullité de l'union pour cause d'erreur dans la personne. Cette erreur consistait en ce que le mari avait cru prendre une épouse, tandis que, pour employer l'expression de son illustre avocat, il s'était lié à une espèce de cadavre ne se dressant devant lui que comme la statue de l'Ironie et du Dédain. Le brillant orateur (1) chargé de soutenir la demande assimilait ce mariage à celui d'un homme avec un jeune garçon sous des habits de femme ; puis, dans un incomparable langage, appelant au secours de sa thèse les considérations d'une philosophie élevée, montrant l'ordre qui préside dans la nature à la création et à la reproduction indéfinie des êtres, il s'attacha à prouver que, chez deux jeunes époux, la possession mutuelle était une condition substantielle de la validité du mariage.

____

(1) Mᵉ Jules Favre.

En supposant la preuve complète des faits articulés et en me référant aux explications développées plus haut, j'avoue que dans cette hypothèse l'action en nullité me paraît recevable, et que, à mes yeux, l'erreur dans la personne est suffisamment grave et caractérisée (1).

En un mot, et pour résumer cette controverse à laquelle nous avons cru devoir donner quelques développements, en raison de son importance spéciale, l'erreur dans la personne dont il s'agit dans l'article 180 s'entend, de l'aveu de tous les commentateurs, de l'erreur sur les qualités ; dès lors, comme le dit M. Demolombe, on ne peut plus en faire une question de *droit*, mais uniquement une question de fait et d'application. Restreindre ces qualités à celles qui regardent l'état civil, comme l'a fait un arrêt du 4 février 1860, c'est donner aux termes de la loi une limite arbitraire ; c'est faire œuvre de législateur et non d'interprète (2).

II. — Voyons maintenant par quelles personnes cette nullité peut être proposée. Ici, à la différence de ce qui se passe en matière de nullités absolues,

----

(1) Telle n'a pas été l'opinion de la Cour de Paris. Cette Cour, par un arrêt du 30 décembre 1861, cité dans une note précédente, a persévéré dans sa doctrine du 4 février 1860.

(2) En ce sens : Demol., III, 255 ; Marc., sur 180, III, IV et V. Ces jurisconsultes adoptent franchement la théorie à laquelle nous avons estimé devoir nous ranger. — Voir aussi l'arrêt de cassation du 11 février 1861 et un article de M. Pont, dans la *Revue critique* (n° de mars et d'avril 1861). M. Pont et la Cour suprême n'admettent pas complètement notre doctrine, car, selon ces autorités, il faudrait au moins, pour

l'action n'appartient qu'à certaines personnes déterminées et non pas à tous les intéressés. Dans notre
hypothèse actuelle d'un vice du consentement, le
mariage ne peut être attaqué que par les époux ou
par celui d'entre eux dont le consentement a été violenté ou erroné (art. 180).

Mais cette action se transmet-elle aux héritiers
quand le conjoint est mort dans les délais où il
pourrait l'intenter ?

Il faut considérer deux cas distincts : 1° l'époux
est mort sans avoir commencé le procès. Alors, de
l'avis de la plupart des auteurs, l'action ne passe pas
à ses héritiers, contrairement à ce qui arrive pour
les actions dérivant des contrats ordinaires, « car,
comme le fait remarquer M. Demante, l'action est
attachée par les termes de la loi à la qualité d'*époux*,
qualité qui ne se transmet pas comme celle de
créancier ou de débiteur. » Au surplus, le côté pécuniaire, matériel de la demande doit s'effacer complétement devant des considérations d'ordre moral.
A ce dernier point de vue, la nullité du mariage n'in-

---

que l'erreur dans la personne fût suffisante, qu'elle portât sur les droits
civils et civiques, en sorte que le mariage avec un forçat libéré dont on
ignorait la condamnation est annulable, cet homme étant déchu de certains droits civils et politiques en vertu des articles 28 et 34 du Code
pénal. M. Demante (1,262 *bis*, III) enseigne le même système ; mais il
ajoute l'impuissance parmi les causes de nullité pour erreur dans la
personne.— M. Dur. (II, 66 à 71), paraît enseigner une doctrine analogue, d'après les différentes hypothèses qu'il examine, et d'après la solution qu'il leur donne.— On le voit, en refusant d'accorder, en cette
matière, un large pouvoir d'appréciation aux tribunaux, on ne sait à
quelle théorie s'arrêter. *Tot capita, tot sententiæ !*

téresse directement que l'époux trompé ou violenté; c'est en sa faveur seule qu'a été édicté l'article 180 (1).

2° L'époux dont le consentement a été vicié décède après avoir intenté l'action; les héritiers peuvent-
ils continuer le procès entamé?

Pour l'affirmative on invoque la maxime romaine:
*Omnes actiones quæ tempore aut morte pereunt se-
mel inclusæ judicio salvæ permanent.* On peut
répondre que cette règle, excellente à Rome où la
litiscontestatio engendrait une novation et par conséquent transformait le contrat primitif, et créait entre
les parties une obligation nouvelle, n'a rien à faire
dans notre droit français où la demande en justice
ne produit pas les mêmes effets. Une action purement
personnelle ne devient pas transmissible parce qu'elle
a été intentée. Ainsi, un père demande la nullité d'un
mariage dans lequel il n'a pas été consulté par son
enfant mineur. S'il meurt, son action périt avec lui.
Il en est de même pour le demandeur en opposition
à un mariage. Sans doute, il est de règle que les
héritiers succèdent à tous les droits et actions de leur
auteur (art. 724); mais nous avons vu que l'article
180 faisait exception à ce principe.

Dans le système de l'affirmative on s'appuie sur
l'article 330 d'après lequel l'action en réc'amation
d'état intentée par un enfant passe à ses héritiers

---

(1) Dur., II, 210. — Zach., III, p. 20. — Marc., I, 052. — Demol.,
III, 258. — Dem., I, 202 bis, V. — Val., *Explic. somm.*, p. 107.

s'il décède avant la fin du procès, tandis qu'elle ne leur appartiendrait pas s'il était mort majeur de vingt-six ans sans avoir formé de demande. Voilà, dit-on une action personnelle à l'enfant, et qui cependant se transmet à ses successeurs, lorsqu'elle a été portée en justice et que l'enfant meurt pendant le litige. Cet argument perd sa force pour deux raisons. D'abord, à le supposer fondé, rien ne nous autoriserait à étendre cette règle spéciale à notre matière ; ce serait conclure du particulier au général. En second lieu, si on réfléchit bien sur le sens des articles 328 à 330, on remarque que l'idée du législateur a été d'attribuer l'action en réclamation d'état aux héritiers de l'enfant, toutes les fois que l'enfant n'y aurait pas renoncé pour lui-même. Si depuis l'âge de vingt et un ans il garde le silence pendant cinq années, il y a alors présomption de renonciation et les héritiers ne pourront pas agir après sa mort. Toutefois, si plus tard il intente l'action, cette présomption tombe devant le fait contraire, et alors, en cas de décès du demandeur, on permet aux héritiers de poursuivre sa réclamation. Et dans cette hypothèse, comme le dit M. Demolombe, « ils ont » l'action non pas uniquement parce qu'elle a été intentée, mais parce qu'ils pouvaient l'avoir même » indépendamment de cette circonstance (1). »

Les vices du consentement dont parle l'article 180

---

(1) Marc. sur l'art. 180, VII. — En sens contr. : Dur., II, 271. — Demol., III, 259. — Dem., I, 262 bis, V. — Val., Expl., p. 107.

peuvent être couverts par deux causes : ratification expresse, ratification tacite. L'article 181 traite de la ratification tacite résultant d'une cohabitation prolongée pendant six mois depuis que l'époux a acquis sa pleine liberté ou que l'erreur a été par lui reconnue. Ce fait d'une vie commune aussi longtemps prolongée est un indice certain du consentement.

La plupart des auteurs regardent la cohabitation comme la seule circonstance d'où on puisse induire de la part de l'époux la volonté de renoncer à son action. Selon eux, les termes de l'article 181 sont limitatifs (1). Cependant, je ne vois point pourquoi les tribunaux n'auraient pas la faculté de reconnaître une ratification tacite dans d'autres faits suffisamment caractérisés (2)? Je ne considérerais pas comme tel la grossesse de la femme arrivée après la liberté recouvrée ou l'erreur reconnue. Car, de deux choses l'une : ou l'action appartient au mari, et on conçoit qu'il ne faut pas permettre à la femme de chercher dans des relations adultérines un moyen d'échapper à la nullité d'un mariage illégal, ou bien cette action est conférée à la femme, et alors il est possible que celle-ci n'ait cédé qu'à la violence et à l'intimidation. Au surplus, la grossesse prouve seulement la cohabitation ; or, ce fait est à lui seul insuffisant pour préserver le mariage de nullité, s'il ne s'est pas prolongé pendant six mois.

(1) Marc., I, 644. — Demol., III, 263. — Duc., Bonn. et Roust., I, 318.
(2) Dem., I, 263 bis, I.

Remarquons que ce n'est pas par le simple silence de six mois, depuis la cessation du vice de consentement, que la nullité se couvre, mais par ce silence accompagné de cohabitation. Si donc l'époux trompé ou violenté refusait de se rendre au domicile conjugal, la persistance de son refus, loin d'indiquer une ratification de sa part, ne serait qu'une protestation significative en sens contraire.

La ratification tacite suffisant à couvrir la nullité du mariage, d'après l'article 181, il faut, à plus forte raison, reconnaître le même effet à la ratification expresse résultant d'un consentement formel donné en toute liberté et en pleine connaissance de cause. Ce n'est là que l'application du droit commun (article 1338), et l'opinion contraire de M. Duranton (II, 283) est rejetée par tous les interprètes du Code (1).

Quant à la forme de la ratification expresse, elle est régie par l'article 1338. D'après M. Demolombe, l'accomplissement de toutes les conditions exigées par ce texte n'est pas indispensable, si d'ailleurs la volonté des époux n'était pas douteuse. Au surplus, la question est pour nous sans importance, car si l'acte ne réunissait pas toutes les formes énumérées dans l'article 1338, il vaudrait tout au moins comme ratification tacite.

La renonciation au droit de demander la nullité

---

(1) Marc., I, 645. — Demol., III, 264. — Duc., Bonn. et Roust., I, 322. — Dem., I, 263 *bis*, I. — Val., *Expl. somm.* p. 107.

étant reconnue en principe, pourrait émaner aussi bien d'un époux mineur que d'un majeur. Vainement opposerait-on l'article 183 qui n'autorise le conjoint à confirmer l'union annulable que s'il a atteint l'âge compétent pour consentir par lui-même au mariage. Il s'agit dans ces textes d'un mariage annulable pour défaut d'autorisation des ascendants, tandis que dans l'article 181 la nullité repose sur le vice du consentement personnel d'un époux. Or, celui-ci, quoique mineur, est appelé à consentir au mariage, donc il est capable de le ratifier (1).

La nullité d'un mariage entaché de violence ou d'erreur dans la personne est-elle susceptible de se couvrir par la prescription?

Pour l'affirmative, on invoque le droit commun, d'après lequel toutes les actions en général s'éteignent par un laps de temps plus ou moins long. Les partisans de cette doctrine se divisent sur le point de savoir si la prescription doit être décennale ou trentenaire. Zachariæ (III, p. 263) et M. Demolombe (III, 268) penchent pour la prescription de dix ans, aux termes de l'article 1304, ainsi conçu : « Dans » tous les cas où l'action en nullité ou en rescision » d'une convention n'est pas limitée à un moindre » temps par une loi particulière, cette action dure » dix ans. » Marcadé (I, 646), au contraire, donne la préférence au délai de trente ans, en vertu de l'article 2262, par ce motif que l'article 1304 s'oc-

---

1. Demol., III, 267.

cupe uniquement des contrats d'*argent* et partant se trouve étranger à notre matière.

Mais l'objection de Marcadé tombe tout aussi bien sur l'article 2262, et doit par conséquent en faire rejeter également l'application. Une demande en nullité de mariage est une question d'état, comme le fait remarquer M. Demante; or, ces sortes de réclamations sont imprescriptibles (art. 328, 2226). D'ailleurs, l'époux au profit duquel existe l'action, et qui a refusé la vie commune avec son conjoint, n'a-t-il pas protesté ainsi suffisamment contre un prétendu mariage que la crainte d'un scandale l'empêche d'attaquer devant les tribunaux? Comment dès lors cette protestation perdrait-elle son énergie par une persistance de dix ans ou même de trente années? Que si l'époux consent à la vie commune, toute controverse disparaît, puisqu'un laps de six mois fait présumer la ratification (1).

---

(1) Dem., I, 263 bis, II ; — Val., *Expl. somm.*, p. 420. Le savant professeur, après avoir adopté en cette matière la prescription décennale, confesse dans son récent ouvrage certains scrupules sur sa première théorie et se range décidément au sentiment de M. Demante.

SECTION II.

**Défaut du consentement des personnes dont l'autorisa-
tion était nécessaire pour le mariage.**

I. — Défaut de consentement des ascendants, du conseil de famille ou
du tuteur *ad hoc*. — Par qui le mariage peut être attaqué dans
ces hypothèses.

II. — Comment se couvre la nullité relative dans ces divers cas.

III. — Le mariage entaché d'une nullité relative ou absolue peut-il
être célébré une seconde fois ?

I. — « Le mariage contracté sans le consente-
» ment des père et mère, des ascendants et du con-
» seil de famille, dans les cas où ce consentement
» était nécessaire, ne peut être attaqué que par
» ceux dont le consentement était requis, ou par
» celui des deux époux qui avait besoin de ce con-
» sentement (art. 182). »

Le défaut de consentement des personnes de la
part desquelles cette condition était exigée constitue
le second cas de nullité relative. L'atteinte que ce
mariage donne à la puissance paternelle, dit Pothier (446), rend les parents intéressés à sa cessation et recevables par conséquent à la poursuivre,
L'action, dans cette hypothèse, appartient à ceux
dont le consentement était *nécessaire*, et à celui des
deux époux qui avait besoin de ce consentement.
Remarquons que le défaut de conseil n'aurait pas
les mêmes conséquences légales, et qu'un mariage
contracté par un majeur de vingt-cinq ans, sans

consulter sa famille par actes respectueux, aux termes des articles 151 et suivants, exposerait simplement l'officier public qui aurait procédé à la célébration en l'absence de ces formalités aux peines édictées par l'article 157.

Il suffit d'ailleurs, pour que l'union conjugale soit inattaquable, que l'époux mineur pour le mariage ait obtenu le consentement de son père, dans le cas où la mère existerait ; car si l'autorisation collective de ces deux parents est exigée en principe, celle du père est seule indispensable (art. 148). Par la même raison, à défaut de père et de mère, bien que les ascendants des deux lignes doivent être consultés, le consentement d'une seule ligne est suffisant ; et dans cette ligne même, en cas de dissentiment entre l'aïeul et l'aïeule, la loi se contente de l'adhésion du premier (art. 150).

D'après ce que nous venons de dire, si un fils mineur de vingt-cinq ans s'était marié sans le consentement de ses père et mère, le père, étant seul investi de l'exercice de la puissance paternelle (article 373), serait seul recevable à intenter l'action en nullité. Mais s'il meurt pendant les délais qui lui sont accordés pour former sa demande et sans avoir ratifié le mariage de son enfant, la mère survivante aura-t-elle le droit d'attaquer l'union que son fils a contractée au mépris de l'autorité de ses parents ? L'affirmative ne me semble pas douteuse. La mère, en principe, est investie de la puissance paternelle, d'après l'article 373 ; l'exercice, il est vrai, lui en est retiré pendant le mariage ; mais elle recouvre cette puissance au décès de son mari (1).

La faculté de poursuivre l'annulation du mariage de son enfant n'est accordée à la mère que si le père est mort ou dans l'impossibilité de manifester sa volonté. Cette idée découle de l'article 173, qui n'attribue à la mère le droit d'opposition au mariage qu'à défaut du père.

D'après M. Valette (2), ces mots de l'article 182 : « le mariage ne peut être attaqué que *par ceux dont* » *le consentement était requis,* » doivent être pris dans un sens *collectif,* l'autorité, quant au mariage, passant de main en main d'un ascendant à l'autre. Le savant professeur ajoute que l'exercice de la puissance paternelle pourra, dans certains cas, être repris par celui qui l'avait perdu. Ainsi un père est interdit ; son fils, mineur de vingt-cinq ans, se marie sans le consentement de sa mère ; puis, quelques jours après la célébration, le père est relevé de son interdiction ; l'action en nullité qui d'abord compétait à la mère se trouve passer entre les mains du père (3). Mais, dit-on, aux termes de l'article 182, la nullité ne peut être demandée que par ceux dont le consentement était requis ; c'est donc la mère seule qui peut intenter cette action ; car elle seule était appelée à donner son consente-

---

(1) Zach., III, p. 268. — Demol., III, 272. — Dem., I, 264 *bis*, IV. — En sens contr. : Marc., I, 648.
(2) *Expl. somm.*, p. 110.
(3) Demol., III, 273. — Val., *loc. cit.*

ment. A cette objection on peut répondre que l'article 182 n'a vraisemblablement pas prévu ce cas exceptionnel ; que d'ailleurs, à l'époque du mariage, le droit de consentir appartenait véritablement au père, mais que, par suite d'un accident, il se trouvait alors délégué à la mère qui l'exerçait provisoirement et par une sorte d'intérim.

Conformément à la première proposition de M. Valette ci-dessus énoncée, l'action en nullité du père et de la mère passerait à l'aïeul après leur décès ; puis au conseil de famille à la mort des ascendants ; pourvu, bien entendu, que dans ces hypothèses aucune ratification légale ne soit intervenue, et que les délais de l'article 183 pour la formation de la demande ne soient pas écoulés. C'est, en effet, dans un intérêt de famille que la nullité est attribuée aux ascendants ; il est raisonnable que l'action appartienne à celui dont l'autorisation est requise pour le mariage, et, à son défaut, à celui dont le consentement vient immédiatement après, par ordre hiérarchique. Dans une doctrine contraire, on s'appuie sur le texte même de l'article 182, en vertu duquel l'action n'est accordée qu'à ceux *dont le consentement était requis.* Mais, de l'aveu même de M. Demolombe, partisan de cette dernière théorie, il n'est pas probable que le législateur, dans ce texte, ait songé à notre hypothèse. A mon avis, il ne faut pas trop s'attacher à la lettre de la loi, et consulter davantage son esprit. D'ailleurs, comme le dit fort bien M. Valette, les expressions « ceux dont le consentement était requis » doivent se prendre dans un sens collectif. Elles signifient seulement qu'il n'est pas ici question d'une nullité absolue, qui puisse être invoquée par tous les intéressés (1).

Tout ce qui précède n'empêche pas qu'on doive considérer l'action en nullité des ascendants comme une action exclusivement attachée à leur personne, et partant non transmissible à leurs héritiers. Ainsi, le père meurt après avoir attaqué le mariage de son fils ; son action périt avec lui. Si nous avons alors accordé l'action à la mère, ou, à son défaut, à d'autres ascendants, ce n'est pas par suite d'un droit de transmission, mais par l'effet d'une faculté qui leur est propre, qui leur appartient personnellement, et dont l'exercice seul était suspendu pendant l'existence du père.

Quand il n'y a ni père, ni mère, ni aïeuls, ni aïeules, où quand ils se trouvent dans l'impossibilité de manifester leur volonté, les fils ou filles mineures de vingt et un ans ne peuvent contracter mariage sans le consentement du conseil de famille (art. 160). Si le mariage a eu lieu au mépris de cette prescription, l'action en nullité appartient au conseil, non pas, bien entendu, à chacun de ses membres individuellement, mais à l'assemblée tout entière délibérant en la forme ordinaire. L'exercice de l'action

---

(1) Duc., Bonn. et Roust., I, 323.—Val., *Expl. somm.*, p. 110.— En sens contr. : Dur., II, 289 et 290 ; Zach., III, p. 269 ; Demol., III, 280; Marc., I, 648; Demol., I, 264 *bis.* IV.

sera confié soit au tuteur, soit à toute autre personne spécialement déléguée à cet effet. Et peu importerait que la composition du conseil eût changé dans l'intervalle de la célébration à celui de la demande en nullité; car ce n'est pas, je le répète, à tels membres déterminés, mais à la réunion collective de ces membres, quels que soient d'ailleurs les changements qui se sont opérés dans le personnel de l'assemblée, qu'est accordé le droit d'attaquer l'union conjugale du mineur (1).

Le mariage est à l'abri des attaques du conseil de famille dès que le pupille a atteint l'âge de vingt et un ans. A partir de ce moment, en effet, le conseil cesse d'exister.

Toutes ces diverses décisions concernent les enfants légitimes. Nul doute qu'il faudrait les étendre aux enfants naturels reconnus, en observant toutefois que ceux-ci n'ont d'autres ascendants que le père ou la mère auteurs de la reconnaissance. Quant aux enfants naturels qui n'ont pas été légalement reconnus ou quant à ceux qui l'ayant été ont perdu leurs parents, l'article 159 nous apprend qu'ils ne peuvent se marier avant vingt et un ans sans le consentement d'un tuteur *ad hoc*.

Mais si, en fait, l'union a été contractée malgré l'opposition de ce tuteur, celui-ci aura-t-il le droit d'en poursuivre la nullité ? La négative est adoptée par un grand nombre de commentateurs. La célé-

___

(1) Marc., I, 649. — Dem., I, 264 *bis*, V.

bration du mariage, dit-on, fait disparaître le tuteur *ad hoc.* L'article 182 permet bien d'intenter l'action en nullité à ceux dont le consentement était nécessaire, et le tuteur *ad hoc* semble être compris dans ce nombre ; mais l'accomplissement du mariage a mis fin à son existence, et dès lors il ne peut plus être question de lui. Sa mission est terminée ; il avait mandat pour donner ou refuser son autorisation au mariage, et non pour en demander la cassation.

Cette argumentation, fondée sur l'interprétation judaïque des textes, me paraît un peu subtile, comme en convient M. Demolombe lui-même, tout en adhérant aux conclusions qui en découlent. Pour mon compte, je ne vois pas pourquoi le mineur de vingt et un ans serait dépouillé dans cette hypothèse spéciale du secours protecteur que la loi accorde toujours contre les entraînements et l'irréflexion de la jeunesse. N'est-ce pas entrer dans les vues du législateur que de comprendre dans la mission du tuteur *ad hoc* et la faculté de consentir au mariage et celle d'attaquer l'union contractée nonobstant son défaut de consentement (1) ?

Dans la doctrine que je combats, certains auteurs, et notamment Zachariæ (III, p. 272), s'attachant exclusivement à la lettre du texte, refusent même à l'enfant mineur de vingt et un ans le droit de former la demande en nullité. En effet, disent-ils, l'article

______

(1) Dem., I, 264 *bis*, VI.— Duc., Bonn. et Roust., I, 323.— En sens contr. : Demol., III, 278 ; Marc., I, 650.

182 attribue cette faculté à l'époux qui n'a pas obtenu le consentement de ses père et mère, de ses ascendants ou de son conseil de famille, ce texte ne lui reconnaît pas le même droit dans le cas où l'autorité du tuteur *ad hoc* a fait défaut. Cette opinion est rejetée, avec raison, par la plupart des interprètes du Code. Quand la loi parle de l'autorisation du conseil de famille, n'est-il pas raisonnable de supposer qu'il s'agit alors aussi bien du consentement donné par le tuteur *ad hoc*, délégué du conseil de famille, que du consentement de ce conseil lui-même? Telle était évidemment l'idée des rédacteurs, en repoussant les observations du Tribunat, qui demandait l'addition dans notre article des mots « tuteur ou curateur » après ceux de « conseil de famille ». D'ailleurs, à quelles contradictions n'arrive-t-on pas en suivant avec servilité la lettre de la loi pour en négliger l'esprit? Si les expressions « famille, conseil de famille, » insérées dans les divers textes de notre matière excluaient le tuteur *ad hoc*, il en résulterait que l'officier civil coupable d'avoir célébré le mariage d'un enfant naturel mineur de vingt et un ans, sans le consentement de ce tuteur, n'encourrait aucune responsabilité, aucune peine, tandis que, d'après l'article 157, il subirait l'emprisonnement et l'amende, s'il avait procédé au mariage d'un homme de trente ou quarante ans, sans exiger les formalités des actes respectueux (1).

---

(1) Marc., Demol., *loc. cit.* — Duc., Bonn. et Roust., 324.

Toujours dans notre hypothèse d'un enfant naturel mineur de vingt et un ans et sans parents légalement connus, ou dont les parents seraient décédés, si le mariage avait lieu sans qu'on ait préalablement nommé le tuteur *ad hoc*, à qui appartiendrait l'action en nullité ? — Au mineur seul, selon la majorité des commentateurs. « Cependant, dit M. Demante, comme » ce serait priver du moyen de protection le plus » efficace le mineur demeuré sous l'empire de la sé- » duction, j'aime mieux dire qu'un tuteur *ad hoc* » pourrait alors être nommé pour accorder ou refu- » ser l'approbation postérieure, qui équivaut au con- » sentement primitif (Voy. art. 183), et qu'à ce tuteur » appartient le droit d'agir en nullité (p. 364). »

La faculté d'attaquer l'union conjugale attribuée à l'époux lui-même qui n'a pas obtenu le consentement légal peut sembler inexplicable; car si les ascendants ne se plaignent pas du mariage, ils sont censés y consentir (Voy. art. 183), et il est singulier d'autoriser l'époux qui a méconnu la puissance paternelle à venir arguer de sa propre faute. Ces considérations avaient été admises par l'ancienne jurisprudence, qui refusait alors au conjoint, violateur de la loi, le droit de l'invoquer ensuite pour faire annuler son mariage (Pothier, 444). Mais, d'un autre côté, il ne faut pas être trop rigoureux envers l'incapable qui, subissant l'empire de la passion, agit souvent avec irréflexion et sans calculer les conséquences de ses actes ; aussi, notre Code plus indulgent permet en principe aux mineurs de se prévaloir de leur incapacité (art. 225 et 1125). La disposition finale de l'article 182 est donc en harmonie avec les règles générales de la législation actuelle sur les incapables.

Chez le mineur, le droit de demander la nullité est motivé sur une présomption de séduction. A ce point de vue, il a donc une grande analogie avec l'action pour vice de consentement. En conséquence, conformément aux décisions données dans la section précédente, je n'accorderais jamais cette action aux héritiers du mineur.

II. — Examinons maintenant comment se couvre la nullité relative fondée sur le défaut de consentement de la famille ou du tuteur *ad hoc*.

A cet égard, l'article 183 s'exprime ainsi : « L'ac-
» tion en nullité ne peut plus être intentée ni par
» les époux ni par les parents dont le consente-
» ment était requis, toutes les fois que le mariage
» a été approuvé expressément ou tacitement par
» ceux dont le consentement était nécessaire, ou
» lorsqu'il s'est écoulé une année sans réclamation
» de leur part, depuis qu'ils ont eu connaissance du
» mariage. Elle ne peut être intentée non plus par
» l'époux, lorsqu'il s'est écoulé une année sans
» réclamation de sa part, depuis qu'il a atteint
» l'âge compétent pour consentir par lui-même au
» mariage. »

D'après ce texte, le vice originaire de l'union conjugale est couvert par l'approbation expresse ou ta-

cite des personnes dont le consentement était nécessaire. La ratification tacite peut résulter de bien des
circonstances, elle se résout en question de fait que
les tribunaux ont à apprécier. Pothier rapporte (446),
qu'un père fu' déclaré non recevable à attaquer le
mariage de son fils, parce qu'il avait été le parrain
d'un enfant né de ce mariage. La même solution serait probablement admise aujourd'hui. Le silence de
ceux qui avaient le droit de protester est encore une
sorte d'approbation ; mais il faut pour cela que le
défaut de réclamation se soit prolongé pendant un
an, à partir du moment où il y a eu connaissance
acquise du mariage.

La ratification des parents éteint l'action au profit de l'enfant; mais la réciproque n'est pas vraie.
Ainsi l'approbation de l'époux, survenant même
après sa majorité matrimoniale, ne saurait dépouil-
ler les ascendants du droit de demander la nullité.
La rédaction de l'article à cet égard est significative. Ce texte dit en effet dans sa première partie
que l'action ne peut plus être intentée *ni par les
époux ni par les parents,* quand le mariage a été
confirmé par ceux dont le consentement était nécessaire, et dans sa seconde partie il déclare qu'elle
ne peut plus être intentée *par l'époux* seulement, sans
ajouter ici *ni par les parents,* quand il s'est écoulé
une année sans réclamation de sa part (1).

---

(1) Marc., I, 631. — Mourl., *Rép. écrit.,* I, sur l'art. 183. — Duc,
Bonn. et Roust, I, 326. — Val., *Expl. somm.,* p. 111.

La mort de l'enfant non autorisé n'aurait pas même le pouvoir de détruire l'action en nullité chez les ascendants. La postérité légitime du défunt devenant celle de ses parents, on comprend encore l'intérêt de ceux-ci à faire briser le mariage. Cette solution est d'ailleurs conforme aux termes de l'article 183. Mais, dans cette hypothèse du décès du conjoint non autorisé, je refuserais au conseil de famille la faculté d'attaquer l'union conjugale, attendu que ce conseil n'a d'existence légale que pendant la vie du mineur (1).

La demande en nullité ne peut plus être formée, toutes les fois qu'une des personnes dont le consentement aurait suffi à lui seul pour rendre le mariage valable vient donner sa ratification. Ainsi, un jeune homme mineur de vingt-cinq ans, et n'ayant parmi ses ascendants qu'un aïeul paternel et un aïeul maternel, se marie sans le consentement d'aucun d'eux; chacun de ces parents peut attaquer le mariage dans les délais légaux; mais cette faculté cesse pour l'un, dès que l'approbation de l'autre est intervenue.

Que décider si cette ratification est postérieure à l'action intentée soit par l'autre ascendant, soit par l'époux lui-même? D'après certains auteurs, ce consentement tardif n'aurait pas le pouvoir d'arrêter la demande, laquelle devrait suivre librement son cours; car c'est au moment même où l'action est

---

(1) Dur., II, 298. — Dem., 265 *bis*, II. — Val., *Exp. somm.*, p. 111. — En sens contraire : Demol., III, 282.

portée devant les tribunaux compétents que doit être appréciée la prétention du demandeur. La décision des magistrats a un effet rétroactif, et les événements ultérieurs qui surviennent pendant l'instance ne doivent avoir aucune influence sur le résultat du procès engagé. L'article 183, loin de contredire cette théorie, ne fait, dit-on, que la confirmer en déclarant que l'action en nullité *ne peut plus être intentée après la ratification* de ceux dont le consentement était nécessaire; mais le texte se garde bien d'ajouter qu'une action déjà intentée ne pourra plus être continuée, si cette ratification intervient durant l'instance (1).

Malgré ces considérations qui ne manquent pas d'une certaine gravité, l'opinion contraire me semble préférable. Il serait étrange que le juge prononçât la nullité d'un mariage au moment où toutes les conditions de validité désirables se trouvent réunies. Ainsi, comme le fait remarquer M. Demolombe, un enfant contracte mariage sans le consentement de son père; celui-ci néanmoins approuve cette union, mais il garde le silence et s'abstient de donner une approbation expresse, désirant garder envers son fils une certaine froideur que lui commande le mépris fait à son autorité. Plus tard, ce fils, par suite de je ne sais quel caprice, attaque son propre mariage; serait-il raisonnable de refuser au père la possibilité d'en empêcher la cassation par

____

(1) Zach., III, p. 269. — Duc., Bonn. et Roust., I, 325.

une ratification formelle ? Je crois donc entrer dans les vues du législateur, en considérant la nullité comme subordonnée à la condition que le vice originaire subsistera.encore, au moment où cette nullité sera prononcée (1).

L'article 183 permet à l'époux marié sans le consentement de ses parents de ratifier son union. Il suffit pour cela qu'il ait laissé passer une année sans réclamation depuis qu'il a atteint l'âge compétent pour le mariage. Mais est-ce là le seul mode de confirmation ? L'approbation tacite résultant du silence annuel exclut-elle pour cet époux l'approbation expresse ? Cela n'est guère probable. Il serait singulier qu'un jeune homme arrivé à un âge où il pourrait se marier malgré l'opposition de sa famille ne pût pas renoncer à faire annuler son union par une ratification donnée en pleine connaissance de cause (2).

Quant à la ratification que la loi tire du délai d'un an sans réclamation de l'époux, c'est là le seul mode de confirmation tacite à l'usage de cet époux. En effet, le texte, après avoir décidé que les parents peuvent approuver le mariage soit par un silence annuel, soit de toute autre manière, déclare seulement, quand il s'agit de l'époux, que l'action ne peut plus être intentée par lui lorsqu'il s'est écoulé

---

(1) Demol., III, 275. — Dem., 261 *bis*, II, et 265 *bis* IV. — Val. sur Proudh., I, p. 435. — Marc., I, 652.

(2) Poth., 446. — Demol., III, 287. — Marc., I, 653. — En sens contraire : Demol., I, 265 *bis*, VII.

un an sans réclamation de sa part depuis sa majorité matrimoniale (1).

Mais quand cette majorité est-elle atteinte ; en d'autres termes, quel est l'âge compétent pour le mariage ? Pour les filles, c'est toujours vingt et un ans (art. 148), pour les garçons, c'est vingt-cinq ans, s'ils ont des ascendants, et vingt et un ans s'ils n'en ont pas. Ainsi, tant que le fils conservera des ascendants, l'âge compétent dont parle l'article 183 ne sera pas atteint avant vingt-cinq ans, quand même les parents dont le consentement était requis à l'époque du mariage seraient décédés ; car alors l'autorité paternelle passe en d'autres mains, comme nous l'avons vu plus haut. Si, dans l'intervalle de vingt et un à vingt-cinq ans, l'époux venait à perdre son dernier ascendant, le moment même de cette mort marquerait pour lui l'heure de la majorité matrimoniale (2).

III. — Pour terminer ce chapitre, examinons ici une importante question, applicable aussi bien au cas de mariages nuls proprement dits qu'à celui de mariages seulement annulables. Il s'agit de savoir si l'union entachée de nullité soit relative, soit absolue, peut être célébrée une seconde fois, afin d'effacer le vice originaire de la première célébration. Ainsi, un jeune homme s'est marié à vingt-quatre ans, sans le consentement de son père, à la connais-

---

(1) Demol., III, 288. — Marc., I, 653. — Demol., I, 265 *bis*, V. — En sens contraire : Dur., II, 312.
(2) Val., *Explic. somm.*, p. 110 et 111. — Demol., I, 265 *bis*, V.

sance duquel ce mariage ne parvient que deux ans
après. Cet ascendant a donc une année pour intenter sa demande en nullité. Le fils qui actuellement
pourrait contracter mariage malgré l'opposition paternelle a donc un grave intérêt, afin d'échapper à
cette menace permanente d'une nullité, de procéder
à une nouvelle célébration régulière, qui confirmera
la première, si celle-ci est maintenue, ou bien qui
formera un second mariage, si au contraire le précédent est annulé. De même si une première union
est attaquée pour cause de clandestinité ou pour incompétence de l'officier de l'état civil, il importe aux
conjoints de se marier une seconde fois, pour éviter
l'action en nullité qui appartient ici à tous les intéressés.

M. Demolombe (286), dans cette question, se prononce formellement pour l'affirmative. Cette solution
me semble trop absolue. Pour moi, je distinguerais :
le vice dont le mariage est entaché engendre-t-il une
nullité proprement dite, telle que la bigamie, l'inceste, la clandestinité... ? Comme dans ces diverses
hypothèses, il n'y a pas de mariage réel, mais une
simple apparence de mariage, il est impossible de
dénier aux parties la faculté d'une nouvelle célébration, quand la cause productive de nullité s'est évanouie, par exemple, quand le premier conjoint du
bigame est décédé, ou quand les dispenses nécessaires ont été obtenues du gouvernement. S'opposer à
cette seconde célébration, ce serait interdire l'union
conjugale des deux parties et créer à leur préjudice

des empêchements que la loi ne reconnaît pas. A la vérité, il arrivera souvent, en fait, que l'officier de l'état civil refusera son ministère à cause de la première célébration dont la nullité ne sera pas complétement démontrée à ses yeux. Dans ce cas, un procès s'engagera, et ce ne sera qu'après un jugement déclaratif de nullité que l'officier public consentira à marier les époux. Mais cette considération de fait ne détruit pas notre solution en droit, de sorte que si cet officier était suffisamment convaincu de la nullité absolue du premier mariage, il pourrait procéder à une seconde célébration sans attendre la voie, assurément plus prudente, d'une contrainte judiciaire.

Le mariage n'est-il, au contraire, infecté que d'une nullité purement relative, une nouvelle célébration me paraît impossible, tant que cette nullité n'aura pas été prononcée. En effet, le premier mariage existe en réalité ; il n'est nul que conditionnellement, c'est-à-dire sous la condition suspensive d'une cassation émanant des tribunaux. Si donc cette condition n'est pas accomplie, l'union conjugale vaut, en vertu de la première célébration qui dès lors ne saurait être renouvelée (1).

---

(1) Dem., 1, 265 *bis*, VIII.

CHAPITRE IV.

**Examen de diverses autres hypothèses dans lesquelles
un mariage a été contracté malgré les prohibitions de
la loi. — Le mariage est-il alors frappé de nullité ?**

Dans le chapitre des demandes en nullité, le Code
Napoléon a réglé les différents cas de nullité de mariage ; il a déterminé les personnes qui ont le droit
d'intenter l'action, le temps pendant lequel elles peuvent le faire, les diverses hypothèses dans lesquelles
leur demande n'est plus recevable. Il est évident ici
que le législateur a voulu tout prévoir et tout régler.
Les empêchements au mariage qui peuvent se ren-
contrer dans les autres textes n'ont qu'un caractère purement prohibitif et ne sauraient constituer
des causes de nullité, à moins que la disposition qui
les concerne ne s'exprime clairement sur ce point.
Autrement, quels principes appliquer à ces prétendues nullités ? Dans quelle classe les placer ? Sont-
elles relatives ou absolues ? Quelles personnes seront
admises à les proposer ? Quand et comment seront-
elles couvertes ? Autant de questions dont la solution serait livrée à l'arbitraire des interprètes (1).

Ainsi, sont purement prohibitives les conditions
relatives aux actes respectueux et aux publications.

______

(1) Demol., III, 235. — Val., *Explic. somm.*, p. 126. — En sens
contraire : Duc., Bonn. et Roust., I, 313.

L'unique sanction contre un mariage pour lequel
ces formalités n'ont pas été observées consiste dans
une amende infligée aux parties et à l'officier de l'état
civil, et même dans la peine de l'emprisonnement
contre ce fonctionnaire (art. 157 et 192).

Cependant, d'après l'article 170, les publications
semblent essentielles à la validité de l'union célébrée à l'étranger entre Français seulement ou
entre Français et étrangers. Cet article, en effet,
s'exprime ainsi : « Le mariage contracté en pays
» étranger entre Français et entre Français et étran-
» gers, sera valable s'il a été célébré dans les
» formes usitées dans le pays, pourvu qu'il ait été
» précédé des publications prescrites par l'art. 63,
» au titre *des Actes de l'état civil*, et que le Français
» n'ait point contrevenu aux dispositions contenues
» au chapitre précédent. » Faut-il conclure de ce
texte que l'omission des publications est une cause
de nullité? Ceci nous amène à rechercher d'une
manière générale les conditions de validité des mariages célébrés à l'étranger.

§ Ier. — DES MARIAGES CÉLÉBRÉS A L'ÉTRANGER.

Deux Français qui se marient à l'étranger peuvent procéder conformément aux lois françaises,
c'est-à-dire faire célébrer leur union par les agents
diplomatiques ou par les consuls, en vertu de l'article 48. Ils peuvent aussi, si bon leur semble, suivre
les formes usitées dans le pays, ainsi que le déclare

l'article 170 dont la décision n'est qu'une application de la maxime *locus regit actum* (art. 47). Ce dernier mode de célébration serait le seul possible entre un Français et un étranger ; car si pour l'une des parties l'officier public français est compétent, il ne l'est pas pour l'autre (1).

Indépendamment de ces deux formes, le militaire ou les employés de l'armée peuvent se marier devant les majors, intendants ou sous-intendants militaires chargés de remplir les fonctions de l'état civil (articles 88 et 89).

Si la forme extrinsèque du mariage peut être régie par le statut local du pays étranger où a lieu la célébration, les conditions de fond, c'est-à-dire l'état et la capacité des parties, sont réglées par leur statut personnel.

Le Français donc est soumis, relativement à sa capacité matrimoniale, au Code Napoléon ; c'est ce que rappelle l'article 170 qui, à cet égard, renvoie au chapitre 1er du titre *du Mariage*.

Ainsi le mariage d'un Français avec certains parents ou alliés énumérés dans les articles 161 à 164, est prohibé absolument, soit que la célébration ait lieu en France, soit qu'elle ait lieu à l'étranger. De même l'obtention du consentement ou la réquisition du conseil des ascendants est exigée également dans l'un et l'autre cas.

En outre, le Code, fidèle au système de publicité

______

(1) Marc., I, sur l'art. 170, n° 582. — Cass., 10 août 1819.

dont il veut toujours entourer les mariages, a prescrit pour l'union conjugale contractée à l'étranger
la formalité préalable des publications en France,
conformément à l'article 63 (voy. art. 170), puis, dans
les trois mois après le retour des époux en France,
la transcription de l'acte de célébration sur le registre public des mariages du lieu de leur domicile
(art. 171).

Les publications devront être faites partout où elles
le seraient si le mariage était contracté en France.
L'article 63, auquel renvoie l'article 170, n'indique
que la nécessité des affiches préalables, sans déterminer dans quels lieux elles devront être apposées ;
c'est l'objet des articles 166 à 168. Il faut donc se
référer à ces dispositions, qui sont l'application du
principe contenu dans l'article 63. D'après ces divers textes, les publications se faisant soit au domicile des futurs époux, soit à celui des ascendants
dont le consentement est nécessaire, cette obligation
n'est imposée qu'aux personnes qui ont en France
un domicile ou des ascendants investis de l'autorité
paternelle.

Quelle est la sanction de l'article 170 ? Cet article soumettant les mariages contractés à l'étranger
à certaines formes de publicité et aux conditions
contenues dans le chapitre 1er, au titre *du Mariage*, frappe-t-il par là même de nullité l'union
du Français qui n'aurait pas strictement observé toutes
ces prescriptions ?

Si la condition omise est de nature à entacher de

nullité un mariage qui serait célébré en France, elle aura le même résultat sur le mariage contracté en pays étranger. Sur ce point tout le monde est d'accord. Ainsi, l'impuberté, l'existence d'un premier lien, la parenté ou l'alliance au degré prohibé, le défaut de consentement de la famille, dans le cas où il est nécessaire, ce sont là autant de causes de nullité, quel que soit le pays où ait lieu la cérémonie matrimoniale. Mais l'absence d'actes respectueux ou de publications, qui n'est considérée en principe que comme un empêchement prohibitif, aura-t-elle le même caractère si le mariage est célébré à l'étranger ? Faut-il, au contraire, dans cette hypothèse particulière en faire un empêchement dirimant ?

Cette question a donné lieu à trois opinions. Dans la première, le défaut de publications ou d'actes respectueux est un motif de nullité de l'union contractée à l'étranger. Dans la seconde, l'absence de ces formalités est, au contraire, insuffisante pour faire annuler le mariage. Dans un troisième système, la nullité est laissée à l'appréciation des tribunaux, qui auront égard à certaines circonstances antérieures ou concomitantes à la célébration.

La première opinion argumente *à contrario* du texte même de l'article 170, d'après lequel, en effet, « le » mariage contracté en pays étranger *sera valable.....* » *pourvu qu'*il ait été précédé de publications..... et » que le Français n'ait point contrevenu aux disposi- » tions contenues dans le chapitre précédent.» Si donc l'union conjugale n'a pas été précédée de publications, ou s'il a été contrevenu à une seule des prescriptions de ce chapitre, cette union ne sera pas valable. Une telle rigueur, dit-on, se justifie par ces considérations que le mariage à l'étranger n'a pas d'autre moyen de publicité en France, et qu'en ne prononçant pas la nullité, dans notre hypothèse, on enlèverait toute espèce de sanction aux règles du Code. On comprend que l'inobservation de ces règles n'entraîne pas la nullité d'un mariage célébré en France ; car le législateur a eu une autre ressource pour en assurer l'exécution, c'est d'infliger à l'officier public qui aurait passé par-dessus l'accomplissement de ces formalités, la peine de l'amende et de l'emprisonnement. Mais dans le cas d'un mariage à l'étranger, cette pénalité est impossible; il a donc fallu pourvoir autrement à l'observation de la loi. C'est ce que le législateur a fait en annulant l'union conjugale d'un Français qui aurait méprisé ces prescriptions (1.)

Dans le second système, on repousse l'argument *à contrario* tiré de l'article 170. Le but de cette disposition est de consacrer à la fois la règle *locus regit actum*, et celle d'après laquelle le Français est toujours soumis à son statut personnel ; mais le législateur n'a pas entendu traiter la question de validité du mariage. Cette question a été réservée, et la solution renvoyée au chapitre des demandes en nullité. Or rien, dans ce chapitre, ne nous autorise à annuler

---

(1) Marc., I, sur l'art. 170, II. — Cass., 8 mai 1831, 6 mars 1837, 17 août 1841.

un mariage pour défaut de publications et d'actes respectueux. Nous y voyons clairement, au contraire, qu'en principe l'inobservation de ces formalités n'entraîne jamais la cassation de l'union conjugale. Le *pourvu que* de l'article 170 n'a pas la signification qu'on veut lui prêter ; car dans les articles 64, 65 et 228, la loi dit d'une manière aussi énergique : *le mariage ne pourra être célébré....,* et cependant personne ne va jusqu'à prétendre que la violation de ces articles soit une cause de nullité. D'ailleurs, peut-on raisonnablement admettre qu'un homme de trente ou quarante ans qui habite un pays éloigné, qui s'y marie avec toutes les formalités et la publicité voulues, qui fait même précéder son union de publications en France, qui plus tard en fait transcrire l'acte sur les registres de l'état civil, contracte un mariage nul par cela seul qu'il aura omis de requérir le conseil d'un ascendant ? C'est là une rigueur impossible, et pourtant il faudrait bien le décider ainsi dans la première opinion, le *pourvu que* de l'article 170 portant aussi bien sur l'absence d'actes respectueux que sur celle des publications (1).

Le troisième système est aujourd'hui suivi par la plupart des auteurs et par la jurisprudence. Il consiste à laisser aux tribunaux un certain pouvoir d'appréciation sur les circonstances qui ont entouré le mariage, et à faire de la disposition de l'arti-

---

(1) Merlin, *Répertoire*, XVI, *bans de mariage*, n· 2. — Zach., III, p. 312 à 314. — Cass., 12 févr. 1833.

cle 170 sur les publications une application de l'article 191. Nous savons, en effet, que, d'après ce texte, rapproché des articles 165, 192 et 193, la clandestinité est une cause de nullité de mariage, et que cette clandestinité est une question de fait à résoudre par les magistrats. Si donc deux personnes, voulant se dérober à la publicité exigée par nos lois, passent la frontière pour y contracter un mariage subreptice, le défaut prémédité de publications en France pourra, à juste titre, être considéré comme un manque de publicité de nature à faire briser l'union conjugale. Mais si, au contraire, l'omission des publications était excusable, si, à part cette irrégularité, le mariage avait été entouré de toute la publicité possible à l'étranger et en France, alors sa validité serait incontestable (1).

Cette théorie me semble irréprochable. On peut la fortifier encore par l'autorité de l'ancien droit. L'ordonnance de Blois, par son article 40, s'exprimait ainsi : « Pour obvier aux abus qui adviennent des » mariages clandestins, avons ordonné que nos sujets » *ne pourront valablement contracter* mariage sans » proclamations précédentes de bans, faites par trois » divers jours de fête, avec intervalle compétent. » Voilà, certes, une loi dont la formule, plus énergique que celle de notre article 170, paraît décider clairement la nullité d'un mariage contracté sans

---

(1) Demol., III, 225. — Duc., Bonn. et Roust., I, 228. — Dem., 242 *bis.* l. — Val., *Expl. somm.*, p. 93.—Cass., 25 févr. 1839, 18 août 1841.

proclamations préalables de bans. Eh bien, malgré les termes précis de cette disposition, le défaut de bans n'était qu'un simple élément de clandestinité, et non pas une clandestinité complète (Poth., 69). Il s'agit, à la vérité, dans l'article 40 de l'ordonnance, de mariages contractés en France, mais l'interprétation donnée à ce texte par l'ancienne jurisprudence n'en fournit pas moins un puissant argument d'analogie pour notre question (1).

---

(1) Il y a peu d'années, la question qui nous occupe s'est présentée devant le tribunal de la Seine et a été résolue conformément à cette dernière doctrine, après un jugement de partage. Cette affaire n'a pas parcouru tous les degrés de juridiction. L'intérêt de la cause étant surtout pécuniaire, les parties ont terminé le litige par une transaction.

Voici les faits : un M. Pescatore, désirant s'unir secrètement avec une dame Weber, ne trouva rien de mieux que de passer les Pyrénées avec elle et d'aller se faire donner la bénédiction nuptiale par un curé inconnu, desservant la paroisse de Renteria, obscure bourgade de l'Espagne. (On sait que dans ce pays on ne connaît encore que le mariage religieux.) Mᵐᵉ Weber était protestante ; mais elle avait eu la précaution de se convertir au catholicisme. Les deux fiancés, après avoir obtenu des dispenses de bans dans les diocèses de Paris et de Versailles, où ils avaient leur domicile, montèrent en poste et partirent à la hâte pour l'Espagne. Ils étaient munis d'une lettre de l'archevêque de Bordeaux au curé de Renteria, dans laquelle se trouvaient ces mots : « Permettez-moi de vous adresser M. Pescatore qui voudrait ne s'unir » que religieusement... » Le prêtre accueillit favorablement les étrangers et les maria sans plus de façon, non pas à l'église, mais dans sa propre chambre, en présence d'un maître de poste et d'un autre témoin ; après quoi les deux voyageurs retournèrent en France. Le tout n'avait pas duré plus d'une heure et demie.

Un mariage célébré dans de telles conditions vaut-il comme mariage civil ? Telle était la question à résoudre. Les juges ont adopté la négative, et avec raison. Les parties n'ont-elles pas transgressé les règles essentielles à la célébration ? Avant tout, les mariages doivent être contractés au grand jour, et pour ainsi dire devant la société entière, intéressée à connaître les nouvelles familles qui se forment dans son sein. Cette publicité est une loi morale aussi bien qu'un principe de droit. Mais voilà qu'un homme et une femme, sans faire part de leur projet

Indépendamment de la publicité en France, antérieure au mariage contracté à l'étranger, le Code prescrit aussi une publicité postérieure. L'article 171 dispose que « dans les trois mois après le retour » des Français sur le territoire de l'empire, l'acte » de célébration du mariage contracté en pays » étranger sera transcrit sur le registre public des » mariages du lieu de son domicile. »

---

quittent furtivement Paris, leur domicile, se rendent en poste à l'étranger et s'arrêtent dans un village inconnu ; là, ils vont trouver le curé, puis, sans avoir accompli aucune espèce de formalité préalable, et grâce seulement à la pieuse complicité de trois prélats français dont ils exhibent une lettre et des dispenses de bans, ils se font donner une sorte de bénédiction à huis clos ; et on prétendrait voir dans cette cérémonie dérisoire un mariage véritable ! Non, je le répète, en droit comme en morale, cette union est non avenue. Loin d'être même un mariage de conscience, selon l'expression d'un avocat de la cause, ce n'est pas autre chose, à mes yeux, qu'un concubinat. « Que vous vous mariiez devant » le Christ, comme M. Pescatore, écrivait un célèbre publiciste, ou » devant le soleil, comme Marat, qu'importe cette symbolique ? Dès que » vous écartez votre pays, ne demandez rien à votre pays : vous ne » pouvez pas réunir à la fois les *franchises* du contrat naturel, même » sanctifié par le culte, avec les *droits* du contrat civil que votre inten- » tion a été d'esquiver. Peut-être en croirait-on votre protestation, si » l'Espagne, encore sous le joug des prêtres, eût été le seul pays où il » vous fût possible de vous marier ; mais vous étiez en France, où la » régularisation de votre communauté n'eût certes pas été de mauvais » exemple : qu'alliez-vous faire en Espagne ? »

Voir, pour les détails de cette intéressante affaire, *le Droit*, nᵒˢ du 11 juillet et jours suivants jusqu'au 2 août 1856, et nᵒˢ du 27 août et jours suivants. La cause, qui soulevait également des questions de droit canonique, a été l'objet de deux savantes consultations, l'une en faveur de la validité du mariage, émanée de MM. Demolombe, Od. Barrot, Marie, Bethmont, Bugnet; l'autre, pour la nullité, signée de MM. Laboulaye, Valette, Demante, Devalroger, Machelard, Freslon. D'autres consultations furent également données par des jurisconsultes espagnols.

Voir aussi un très-remarquable article de M. Emile Ollivier, dont la science juridique égale le talent oratoire. (*Revue pratique du droit français*, nᵒ du 15 août 1856.)

De l'avis unanime des auteurs et de la jurisprudence, l'inaccomplissement de cette formalité ne saurait engendrer la nullité de l'union conjugale. Aucun texte en effet ne prononce cette nullité. On conçoit d'ailleurs qu'un mariage contracté avec toutes les formes requises et remplissant toutes les conditions de validité ne peut être, trois mois après sa célébration, entaché d'un vice rétroactif, par suite de l'omission d'une prescription légale.

Mais quelle est la sanction de l'obligation imposée par l'article 171 ? Cette question ne rentrant pas directement dans le cadre de ce travail, lequel n'a pour objet que les causes de nullité de mariage, je me bornerai à indiquer sans discussion les diverses solutions adoptées.

Certains interprètes, se fondant sur ce que l'article 171 avait été édicté pour rendre le mariage notoire en France, ont enseigné qu'en l'absence de la transcription il serait réputé inconnu des tiers. Delvincourt a même été jusqu'à décider que les enfants issus de ce mariage ne succéderaient pas aux biens de leurs père et mère, au préjudice des autres parents, et que l'union contractée à l'étranger et non transcrite ne ferait pas obstacle à un second mariage en France (1).

Cette décision trop rigoureuse n'a pas trouvé d'écho. D'autres commentateurs, sans aller aussi loin, se sont contentés de priver la femme de son

____

(1) Delvinc., I, p. 5 et p. 72.

hypothèque légale (1) et de son action en nullité des actes passés sans l'autorisation de son mari (2) ; d'autres enfin n'ont admis ces effets que dans le cas seulement où les tiers seraient vraiment de bonne foi, dans le cas, par exemple, où le mariage n'aurait reçu aucune autre espèce de publicité (3).

Aujourd'hui, « la doctrine, dit M. Valette (4), » paraît de plus en plus disposée à regarder la » transcription comme une simple formalité, bonne » à prescrire et à suivre, mais n'ayant rien de » substantiel et n'entraînant aucune déchéance ni » perte de droits (5). »

Ajoutons que le délai de trois mois n'est pas un délai fatal et que la transcription peut avoir lieu plus tard, mais alors avec l'autorisation de justice, en vertu d'une circulaire du grand juge du 5 germinal an XII.

§ 2. — DES MARIAGES CÉLÉBRÉS EN FRANCE, SOIT ENTRE FRANÇAIS ET ÉTRANGERS, SOIT ENTRE ÉTRANGERS SEULEMENT.

D'après les principes généraux, la loi française sera de tout point applicable au Français. Quant à l'étranger, il sera soumis à la fois au statut réel de

---

(1) Marc., I, 587.
(2) Dur., II, 240.
(3) Dem., I, 243 *bis*, I.— Demol., III, 220.
(4) *Expl. somm.*, p. 99.
(5) Duc., Bonn. et Roust., I, 590.—Mourl., *Rép. écr.* sur l'art. 171. —V. aussi du même auteur une dissertation dans la *Revue du droit français et étranger*, 1844, I, p. 885 et suiv.

Franco et au statut personnel de son pays. La maxime *locus regit actum* lui sera applicablo, c'est-à-dire qu'il devra observer toutes les conditions extrinsèques de formo : célébration devant l'officier de l'état civil, publications au domicile que l'étranger aura pu avoir en France. Une circulaire du garde des sceaux du 4 mars 1831 prescrit même les publications dans le pays de l'étranger, quand celui-ci n'a pas en France une résidence de six mois.

L'état et la capacité de l'étranger devront, au contraire, être appréciés d'après les lois de sa nationalité. Ainsi il devra s'assurér de l'autorisation de son gouvernement, s'il appartient à un pays dont les lois exigent cette autorisation, comme autrefois en France (déclaration des 16 juin et 6 août 1685), comme aujourd'hui en Bavière (ordonnance royale du 12 juillet 1808) et en Wurtemberg (loi du 4 septembre 1808).

Mais, bien entendu, lo statut personnel des étrangers n'est applicable en France que s'il n'est pas contraire à nos lois d'ordre public (art. 3). Ainsi un musulman déjà marié ne pourrait pas épouser légitimement une autre femme en France, bien que sa loi personnelle lui en donne le droit ; car la monogamie est chez nous une institution qui tient essentiellement à l'ordre social.

§ 3. — DES EMPÊCHEMENTS AU MARIAGE PRÉVUS PAR LES ARTICLES 228, 295, 298 ET 348.

L'obligation pour la veuve de ne pas se remarier

avant l'accomplissement de dix mois de viduité est destinée à éviter la confusion de part (art. 228). Ce n'est encore là qu'un empêchement prohibitif dont l'unique sanction consiste en une amende de 16 à 300 francs pour l'officier de l'état civil qui aurait procédé à la célébration avant le temps marqué par la loi (Code pénal, art. 194) (1).

Toujours en vertu des mêmes principes, je ne considérerais pas non plus comme irritantes les dispositions des articles 295 et 298 qui défendent le mariage entre deux époux divorcés ou entre un époux divorcé pour cause d'adultère et sa complice (2). D'ailleurs ces articles doivent être aujourd'hui sans application, le divorce étant aboli depuis 1816.

Même solution pour l'article 348, qui interdit le mariage entre certaines personnes pour lesquelles l'adoption a créé une sorte de parenté fictive. L'article 184, qui prononce la nullité des unions contractées entre parents au degré prohibé, ne renvoie pas à l'article 348, mais seulement aux articles 161, 162 et 163 (3).

---

(1) Demol., III, 337.—Marc., I, 756.— Dem., I, 260 *bis*, IV.— Duc., Bonn. et Roust., I, 386.—Val., *Exp. somm.*, p. 105. — En sens contraire: Proudh., I, p. 404, et II, p. 49.

(2) Demol., III, 339.—Zach., III, p. 274.—Val., *Expl. somm.*, p. 151. — En sens contraire: Duc., Bonn. et Roust., I, 313.—Dem., I, 260 *bis*, II.

(3) Demol., III, 358.—Marc., II, 105.—Val., *Expl. somm.*, p. 105. — En sens contraire: Dem., 260 *bis*, II.—Duc., Bonn. et Roust., I, 519.

§ 4. — L'ENGAGEMENT DANS LES ORDRES SACRÉS EST-IL UN EMPÊCHEMENT AU MARIAGE ?

Certains auteurs, assez rares il est vrai, enseignent que l'engagement dans les ordres sacrés est une cause de nullité de mariage (1) ; mais presque tous les jurisconsultes repoussent cette doctrine. Bien plus, loin de regarder la prêtrise comme un empêchement dirimant à l'union conjugale, un grand nombre de commentateurs refusent même d'y voir un simple empêchement prohibitif. Cette dernière opinion me semble seule soutenable. Ainsi non-seulement je ne verrais pas dans le caractère sacerdotal d'un homme qui, en fait, aurait contracté mariage, un motif suffisant pour briser l'union régulièrement célébrée, mais je refuserais même de considérer sa qualité de prêtre comme un obstacle à la célébration. Il me suffira d'établir cette dernière thèse pour réfuter *à fortiori* la théorie qui fait de la prêtrise une cause de nullité de mariage.

Les fonctions de ministre du culte pouvaient former un empêchement dans l'ancien régime, où régnait une déplorable confusion entre les lois de l'État et les lois religieuses. Cet empêchement, d'abord prohibitif, ainsi que nous l'apprend Pothier, devint dirimant à partir du second concile de Latran, tenu au XIIe siècle. Plus tard, le concile de Trente pro-

---

(1) Carrière, *de Matrimonio*, II, 976. — Locré, *Législ.*, IV, p. 612.

nouça même l'anathème contre ceux qui admettraient la validité d'une pareille union (Poth., 116).

La rénovation sociale de 89 vint rétablir la vérité des principes en séparant complétement l'élément civil de l'élément religieux. La constitution du 3 septembre 1791 déclare que « la loi ne reconnaît » plus ni vœux religieux, ni aucun autre engagement » qui serait contraire aux droits naturels, » et plus loin, elle ajoute : « La loi ne considère le mariage » que comme contrat civil. » En 1793, la Convention tomba à son tour dans l'exagération en édictant la déportation contre les évêques qui apporteraient quelque obstacle au mariage des ecclésiastiques (décret du 19 juillet 1793). Réaction injuste, mais inévitable! Le sacerdoce avait absorbé les principes de la législation séculière; à son tour celle-ci empiétait sur le domaine de la religion et de la conscience.

Ainsi, lors de la rédaction du Code, le mariage des prêtres ne trouvait aucun empêchement dans l'ordre civil. Notre nouvelle législation a-t-elle fait un retour à l'ancienne jurisprudence en abandonnant ainsi la séparation du spirituel et du temporel? Pour moi, j'ai toujours été surpris de la controverse qui s'est élevée sur ce point. Où trouver une loi qui interdise l'union matrimoniale aux ministres du culte? Quel texte consacre une semblable prohibition? Aucun, car nos codes ne sont pas faits pour des catholiques, mais pour des citoyens. Que le prêtre, sincèrement attaché à ses institutions religieuses, observe le célibat, rien de mieux; que, dans le cas où, au contraire, il voudrait rompre ses vœux et contracter mariage, l'Église refuse de lui en administrer le sacrement, rien de mieux encore; et certes, la loi civile n'interviendra pas pour l'y contraindre; mais que l'État se fasse l'auxiliaire du catholicisme pour en sanctionner les prescriptions, c'est ce qu'aucune disposition législative ne nous autorise à admettre, c'est ce qui répugne au principe de la liberté de conscience et aux règles qui ont présidé à l'organisation de notre société moderne!

Je ne veux pas ici, remontant aux sources du christianisme, comme l'a fait dans un procès récent un brillant orateur (1), chercher les origines du célibat ecclésiastique, que les Écritures n'ont jamais ordonné, qui n'existait pas dans la primitive Église, et qui a été introduit plus tard dans le corps sacerdotal comme un moyen de discipline destiné à soustraire le prêtre aux influences de la famille et à favoriser l'influence du saint-siége (2). Là n'est pas notre question. Nous n'avons à nous occuper que du droit civil pur. J'accorde, si l'on veut, que le célibat

---

(1) Me Jules Favre.

(2) Paul IV, au concile de Trente, ne dissimulait guère sa pensée à cet égard, quand il disait : « Il est évident que le mariage introduit » dans le clergé détachera les prêtres de la dépendance du saint-siége, » en tournant toute leur affection vers leurs femmes, leurs enfants et » leur patrie; que leur permettre de se marier, c'est détruire la hiérarchie et réduire le pape à être évêque de Rome. » — Le cardinal Carpi ajouta : « Que les prêtres une fois mariés, leurs femmes, leurs » enfants seraient autant d'ôtages de leur obéissance à leur prince, et » que bientôt la puissance du pape ne dépasserait pas les barrières de » Rome. »

soit un dogme essentiel au catholicisme et que le prêtre en se mariant fasse acte d'hérésie. Mais en vertu de quel droit l'État l'obligerait-il à reprendre son ministère? Si un catholique, obéissant à des motifs de conscience, abandonne sa religion pour embrasser le calvinisme ou le judaïsme, la loi civile a-t-elle donc le pouvoir de le contraindre *manu militari* à regagner le sanctuaire qu'il a déserté? Personne ne le pensera. Eh bien, qu'a fait le prêtre qui se présente à l'officier public pour se marier? Il a abandonné son culte et quitté ses fonctions sacerdotales. Il a demandé à rentrer dans la classe ordinaire des citoyens, afin de participer à leurs droits en se soumettant à leurs obligations. Le prêtre a disparu, dit M. Demolombe, le fonctionnaire a donné sa démission. L'État cessera dès lors de lui fournir son traitement de ministre catholique, lui retirera les immunités dont il jouissait en cette qualité (dispense de satisfaire à la loi du recrutement et de faire partie de la garde nationale); mais là se bornera tout son pouvoir.

Marcadé cependant refuse aux prêtres la faculté de se marier, et invoque à l'appui de son système l'article 1134 du Code Napoléon, d'après lequel les conventions légalement formées sont obligatoires; or, dit-il, la convention d'observer le célibat faite par le ministre du culte, lors de son ordination, crée pour lui un *vinculum juris,* puisque l'État intervient indirectement dans le contrat en accordant sa nomination.

Mais ce raisonnement n'a rien de fondé. Il ne faut pas transporter les règles du Code faites pour les matières de l'ordre civil à une matière d'un ordre tout spirituel. Dans cette voie, il faudrait aussi appliquer l'article 1142, comme le fait très-bien remarquer M. Demolombe, et accorder à l'évêque des dommages-intérêts contre le prêtre apostat, il faudrait aussi, comme je le disais, contraindre le ministre d'un culte converti à un autre culte à reprendre ses premières fonctions, et par suite violenter sa conscience.

On a prétendu trouver dans certains articles de la loi organique de germinal an X la consécration législative du célibat ecclésiastique. Dans le titre Ier traitant *du régime de l'Église dans ses rapports généraux avec les droits et la police de l'État,* se trouve un article, l'article 6, en vertu duquel il y a recours au conseil d'État *dans tous les cas d'abus* de la part des supérieurs et autres personnes ecclésiastiques. Puis, dans l'article 20, parmi les cas d'abus est mentionnée l'*infraction des règles consacrées par les canons reçus en France.* Or, dit-on, la défense pour les parties de contracter mariage est une règle de l'Église adoptée par les anciens parlements; donc, d'après l'article 26, elle doit recevoir sa stricte observation.

Cette argumentation n'est vraiment pas sérieuse. Elle abuse de l'esprit de la loi organique, dont le but était uniquement de régler les rapports de l'Église et de l'État, de former une sorte de traité d'alliance entre ces deux puissances et d'assurer leur mutuelle indépendance. Mais de là à conclure que l'État a entendu sanctionner au civil toutes les prescriptions de l'Église, et par conséquent (car il faudrait aller jusque-là) faire intervenir au besoin la force publique pour obliger le prêtre à les observer, il y a un abîme. Il s'agit seulement dans les articles 6 et 26 de dignitaires ecclésiastiques commettant des abus dans l'exercice de leurs fonctions, et agissant en leur seule qualité de prêtres. Cette idée ressort très-clairement de la lecture des textes, et c'est une interprétation fort singulière que de voir dans l'article 26 une espèce de résurrection légale des anciens canons reçus en France. Un tel effet attribué à la loi de germinal ne serait rien autre chose que le retour aux mauvais jours du moyen âge. Il n'y aurait plus qu'à prohiber les mariages entre chrétiens et juifs, entre parents au huitième degré (d'après la supputation catholique). A quoi bon la loi de 1816 qui abolit le divorce? fait observer M. Valette (1); les règles canoniques autrefois admises en France ne repoussaient-elles pas suffisamment cette institution? « Si les canons reçus en » France sont aujourd'hui des lois, il faut exter- » miner tous les hérétiques excommuniés par l'É- » glise, conformément au serment qu'elle faisait » prêter à nos rois, lors de leur couronnement. » Voici, en effet, l'une des promesses qu'ils faisaient,

---

(1) Val. sur Proudh., II, p. 415 à 418.

» au moment de leur sacre : le roi promet aussi
» d'exterminer de bonne foi, selon son pouvoir,
» tous les hérétiques notés et condamnés par l'É.
» glise (1). » Non, il n'y a plus aujourd'hui de religion d'État. Tous les cultes reconnus sont également protégés par la loi, et leurs ministres pourvus
d'un traitement prélevé sur le Trésor. Protestants,
juifs, catholiques, tous sont l'objet d'une égale protection dans leur foi et dans leurs cérémonies, sous
la seule obligation de ne pas troubler la paix publique.

Sous le premier empire, à la vérité, des circulaires
ministérielles interdirent aux officiers de l'état civil
la célébration du mariage des prêtres. Mais est-il
besoin de dire que ces documents ne sont pas des
actes législatifs? Napoléon, préoccupé surtout d'empêcher les citoyens de se soustraire à la conscription,
voulait enlever tout espoir de recouvrer la vie civile
à ceux qui, pour échapper à cette obligation, seraient tentés de s'engager dans les ordres. Il pré-
tendait les enfermer dans le sanctuaire. Pour cela, il
agissait, comme toujours, en monarque absolu, sub-

---

(1) M⁰ Jules Favre devant le tribunal de Périgueux. (Voir le *Droit*
du 23 février 1862.) On sait que ce criminel serment fut trop bien observé par plusieurs de nos rois. C'était surtout dans les dernières années
de leur vie qu'ils ordonnaient les plus terribles persécutions, espérant
ainsi se ménager les faveurs du ciel et obtenir la rémission de leurs pé-
chés. François I⁰ʳ, sentant sa mort prochaine, n'eut que le temps de se
réconcilier avec son créateur en faisant massacrer quelques milliers de
Vaudois et incendier leurs villages. Louis XIV, devenu vieux, ordonna ses
dragonnades et la conversion forcée des hérétiques. Aussi, plus tard, au
milieu de ses revers, le grand roi se plaignait-il de l'ingratitude de Dieu
à son égard.

stituant l'arbitraire de sa volonté aux tolérances de
la loi. D'ailleurs, il ne se faisait pas illusion sur l'illégalité de ses mesures. Il voulut plus tard entrer
dans une voie régulière en chargeant la section de
législation du conseil d'État de rédiger un projet de
loi qui interdirait le mariage aux prêtres catholiques (1); preuve qu'il n'existait alors aucun texte
prohibitif. Mais ce projet ne reçut pas d'exécution.

Enfin on a soutenu que le mariage des prêtres
était une atteinte à l'ordre public et aux bonnes mœurs.
Cet argument est malheureux; il est trop facile de
le rétorquer contre ceux qui l'invoquent. « Je ne
» veux pas fouiller vos greffes, » disait naguère un
avocat déjà cité, devant un tribunal où s'agitait
notre question, « interroger vos statistiques, prêter
» l'oreille aux révélations de la police. J'aurais trop d'a-
» vantage si je touchais à ces lamentables sujets (2). »

---

(1) Dalloz, 1832, II, 46.

(2) Toute cette partie du discours de Mᵉ Jules Favre est fort belle.
Qu'il me soit permis d'en citer quelques passages. Parlant des jeunes
prêtres « dont la foule sacrée se presse à l'entrée de la carrière, eni-
» vrée d'illusions, ignorante de la vie, enflammée par un zèle que refroi-
» dira bien vite la connaissance des choses positives, » l'orateur ajoute:
« ils n'apprendront que trop tôt, ces martyrs d'une foi inconsidérée,
» qu'on ne violente jamais en vain la nature, qu'elle se venge par de
» cruelles représailles, et qu'elle terrasse l'orgueil insolent qui la nie.
» Alors commenceront des douleurs dont Dieu seul connaît l'amertume ;
» alors, il faudra livrer des combats incessants, où les forces s'épuisent,
» où le cœur se dessèche, où l'on ne se sauve qu'en se mutilant.
» Est-ce là ce qu'a voulu Dieu, lui dont la bonté égale la puissance,
» lui, le souverain ordonnateur des merveilles qui nous entourent, et
» dont la plus admirable se résume dans cette loi mystérieuse d'attrac-
» tion et d'amour qui fait la force, la gloire, la fécondité de l'univers?»
L'avocat fait ensuite une touchante peinture des joies du ménage :
« Le soir s'est fait au dehors; tout est silence, obscurité. Mais là, au

En résumé, le mariage des ministres du culte catholique est permis par nos lois, aucun texte prohibitif n'existant pour y mettre obstacle. La doctrine contraire érige une prescription canonique et une loi civile, méconnaissant ainsi les grands principes de la séparation du spirituel et du temporel et de la liberté de conscience. « La liberté religieuse, dit
» M. Demolombe, est comme toutes les autres liber-
» tés ; elle a ses inconvénients et ses périls sans doute,
» mais elle a de bien plus grands avantages et d'in-
» appréciables bienfaits ! et elle n'en est pas moins,
» en religion comme en politique, le meilleur et le
» plus noble des régimes (1) !

M. l'avocat général Dupin a soutenu devant la Cour suprême la validité du mariage des prêtres, sans réussir cependant à faire partager ses convictions aux magistrats qui l'écoutaient ; « Si vous lais-
» sez à l'autorité ecclésiastique, je ne dis pas une

» foyer, brille une douce clarté. Elle éclaire le travail de l'ouvrier, de
» l'artiste, de l'avocat, de l'homme de lettres. Les heures s'enfuient.
» Il ne songe pas à les retenir ; il est courageusement à sa tâche. Sa
» femme lui sourit. Dans ce berceau, l'ange gardien veille sur la tête
» adorée de son enfant. N'est-ce pas là la grandeur et la joie de l'homme ?
» Disparaissez, fausses jouissances, folles vanités, ambitions dévorantes ;
» vous n'êtes rien en face de ce simple tableau.
» Eh bien, il y aura dans la société un homme qui le verra avec dés-
» espoir, car ce bonheur n'est pas fait pour lui. Devant le sourire de
» la vierge, il doit détourner les yeux, car ce sourire allumerait dans
» son âme un séditieux incendie. Les enfants, il ne peut les aimer, car
» pour les comprendre il faut être père. »
Voir le *Droit* des 22 et 23 février 1862. Le tribunal de Périgueux, après cette plaidoirie, dont les conclusions, je dois le dire, furent combattues par le ministère public, rendit un jugement de partage.
(1) Demol., III, p. 211.

» porte ouverte mais une simple fissure pour pénétrer
» dans l'ordre civil, bientôt cette légère ouverture
» s'élargira de manière à laisser pénétrer toute sorte
» d'abus, et vous verrez, non pas insensiblement,
» mais plus rapidement que vous ne pensez, renaître
» le joug dont on ne sent tout le poids que lorsqu'il
» n'est plus temps de l'éviter (1). »

§ 5. EMPÊCHEMENTS AU MARIAGE FONDÉS SUR DES CONSIDÉRATIONS D'UN ORDRE POLITIQUE.

I. — Mariage des princes.
II. — Mariage des militaires.
III. — Mariage des hommes de couleur.

I. — Dans l'ancienne monarchie, le mariage des princes du sang était considéré comme intéressant la dignité de la couronne et la majesté du trône : aussi était-il subordonné au consentement du roi. C'est ainsi que l'union de Gaston d'Orléans, frère de Louis XIII, avec Marguerite de Lorraine, contracté sans l'autorisation royale, fut cassé par un arrêt du Parlement en 1634, et dut être célébré de nouveau, avec les formalités voulues, en 1647.

Cette règle n'était consacrée par aucune législation écrite et dérivait simplement de la tradition.

---

(1) Paroles de M. Dupin à la Cour de cassation le 21 février 1833.
En faveur du mariage des prêtres: Demol., III, 131; Val., *loc cit.*; Bugn. sur Poth., 117; Duc., Bonn. et Roust., I, 241 à 244. Tribunaux de Sainte-Menehould, 18 août 1827; de Nancy, 23 avril 1828; de Cambrai, 7 mai 1828; de la Seine, 26 mars 1831, d'Issoudun, 22 juin 1831; de Périgueux, 31 mars 1832; de Bellac, 26 juin 1845. — En sens contraire : Zach., III, p. 285 à 288; Marc., I, 561 à 566; Dem., I, 225 *bis*, II; Cass., 21 févr. 1833.

Sous l'ancien régime d'ailleurs, la coutume avait force de loi. Aujourd'hui le principe contraire a prévalu; le droit ne peut plus résulter de l'usage, mais seulement des décisions écrites et régulièrement promulguées du législateur.

Aussi, quand un soldat victorieux, sorti des rangs de nos armées républicaines, eut restauré à son profit la dignité monarchique, quand il eut rétabli les institutions disparues dans le cataclysme révolutionnaire, il comprit que la tradition oubliée d'un autre âge ne pouvait ressusciter d'elle-même, et il eut soin de faire rendre un sénatus-consulte en bonne forme dont l'article 12 est ainsi conçu: « Les » membres de la famille impériale ne peuvent se ma- » rier sans autorisation de l'Empereur. Le mariage » d'un prince français, fait sans cette autorisation, » emporte privation de tous droits à l'hérédité, tant » pour celui qui l'a contracté que pour ses descen- » dants. » (Sénatus-consulte du 28 floréal an XII, 18 mai 1804.) Cette sanction d'un mariage con- tracté sans le consentement de l'Empereur consis- tant dans la privation des droits de l'hérédité parut plus tard insuffisante à Napoléon. Il lança deux ans après un décret qui prononce la nullité de plein droit: « Le mariage des princes et des princesses de la » maison impériale, à quelque âge qu'ils soient par- » venus, sera nul et de nul effet, de plein droit et » sans qu'il soit besoin de jugement, toutes les fois » qu'il aura été contracté sans le consentement for- » mel de l'Empereur. »

Cet acte est-il constitutionnel? Napoléon n'usurpe-t-il pas ici le pouvoir législatif en édictant de son chef une nullité de mariage? Quoi qu'il en soit ce décret fut publié sans opposition du Sénat. D'ailleurs il se trouve aujourd'hui implicitement abrogé par l'article 6 du sénatus-consulte du 10 novembre 1852 dont les dispositions reproduisent à peu près celles du décret du 18 floréal an XII. Le mariage d'un membre de la famille impériale sans le consentement de l'Empereur n'est pas nul ; il emporte seulement privation de tout droit à l'hérédité, tant pour celui qui l'a contracté que pour ses descendants. « Néanmoins s'il n'existe pas d'enfants de » ce mariage, en cas de dissolution pour cause de » décès, le prince qui l'aurait contracté recouvre ses » droits à l'hérédité. »

Napoléon, voulant briser l'union que son frère Jérôme avait contractée en 1803, à Baltimore, en Amérique, avec Mlle Élisabeth Patterson, invoqua pour cela le sénatus-consulte de 1804 précité, dont l'application à ce mariage me semble parfaitement impossible. Jérôme Bonaparte, en effet, s'était marié sans avoir rempli les formalités des publications exigées par l'article 170, et sans avoir obtenu le consentement de sa mère. La première omission, nous le savons, est insuffisante pour faire annuler le mariage (1) ; la seconde, au contraire, peut amener ce

____

(1) Le défaut de publications en France n'est une cause de nullité que si le mariage a été clandestin ; si, par exemple, l'époux qui s'est marié hors de France s'est rendu à l'étranger précisément pour se sous-

résultat, en vertu de l'article 183, pourvu que la personne dont le consentement était nécessaire forme une demande en nullité dans l'année du jour où elle a eu connaissance de l'union irrégulière de son descendant. C'était à madame Lætitia, mère de Jérôme, à faire annuler le mariage de son fils dans les délais de la loi. Mais ce ne fut point ainsi qu'on agit. L'Empereur trouva-t-il dans sa mère certaines résistances à ses desseins ? Laissa-t-on passer sans s'en apercevoir les délais légaux ? Toujours est-il que, négligeant les formes prescrites, Napoléon, par deux décrets successifs de ventôse an XIII, prononça de son autorité privée la nullité du mariage de son frère, et cela, en vertu d'une prétendue application du sénatus-consulte de floréal. Application triplement inexacte, selon moi : d'abord parce que cet acte législatif n'édictait en aucun cas la nullité du mariage d'un prince, puis parce que Jérôme, précisément d'après l'un des articles de ce sénatus-consulte, était exclu de la famille impériale et dépouillé de la qualité de prince, et enfin parce que l'obligation d'obtenir l'autorisation de l'Empereur, imposée aux membres de la famille impériale, dont Jérôme d'ailleurs ne faisait pas partie, ne pouvait pas concerner un mariage célébré en 1803, c'est-à-dire sous la République.

---

traire à toute espèce de publicité. Ces circonstances n'existaient pas dans l'espèce ; Jérôme n'était pas allé en Amérique avec l'intention préméditée d'y contracter mariage et d'échapper aux prescriptions de la loi française. Il était envoyé en mission dans le nouveau monde, et c'est pendant son séjour qu'il y fit connaissance de Mlle Patterson.

Cependant la Cour de Paris, dans un arrêt récent dont je ne saurais adopter ni les motifs ni la décision, sans s'occuper du sénatus-consulte de floréal, a admis que l'Empereur puisait dans les traditions monarchiques le droit d'annuler le mariage célébré irrégulièrement par son frère, avant le rétablissement même de la monarchie (1).

---

(1) Arrêt du 1er juillet 1861.

« Suivant une tradition constante, dit l'arrêt, le chef de l'État ab-
» sorbait en lui toute l'autorité paternelle sur les membres de sa fa-
» mille, et pouvait seul prononcer sur la validité du mariage par eux
» contracté. »

J'avoue qu'il me semble impossible de trouver dans les traditions du passé la consécration de la doctrine de la Cour. D'après cette doctrine, en effet, l'Empereur succéderait aux droits de sa mère encore vivante, pour demander la nullité du mariage célébré sans le consentement de celle-ci, et constituerait en même temps à lui seul la juridiction compétente pour prononcer cette nullité ; en sorte qu'il serait tout à la fois juge et partie. Mais qu'est-ce que la tradition, sinon un ensemble de principes découlant de l'usage et appliqués de tout temps ? On ne peut donc l'invoquer que pour résoudre des questions qui ont déjà été résolues anciennement ; et c'est, ce me semble, oublier le sens naturel des mots que de prétendre appliquer cette tradition à une question neuve, à la question qui n'aurait jamais pu se présenter sous l'ancien régime, d'un mariage contracté sous une république par un simple citoyen dont le frère devait devenir empereur.

D'ailleurs, jamais la tradition n'a reconnu au roi le droit d'annuler sous son bon plaisir et sans aucune forme le mariage d'un prince. Pothier nous apprend même (343) qu'il y avait une controverse sur le point de savoir si le défaut de consentement du monarque à l'union des princes du sang formait un empêchement dirimant ou simplement prohibitif. Sous Louis XIII, à la vérité, quand il fut question d'annuler le mariage de Gaston d'Orléans avec la princesse Marguerite de Lorraine, la majorité des docteurs consultés, obéissant sans doute aux influences royales, et surtout à la pression du cardinal de Richelieu, dont Gaston était l'ennemi personnel, décida que le défaut d'autorisation du souverain était un empêchement dirimant. Mais le mariage ne fut pas pour cela déclaré nul par une simple ordonnance royale. A cette époque où les formes de la justice n'étaient guère observées, on procéda cependant d'une façon régulière. La demande en annulation fut portée devant le Parlement par le procureur général Bignon, et ce fut sur ses conclusions,

II. — Les militaires ne peuvent contracter mariage sans le consentement de leurs supérieurs. Cette règle, qui existait sous l'ancien régime, avait été formellement supprimée par la Convention, le 8 mai 1793. Elle fut rétablie par plusieurs décrets impériaux, en 1808 (16 juin, 3 et 28 août). La sanction de cette prescription n'est pas la nullité, mais la destitution du fonctionnaire qui a célébré le mariage, et celle des officiers qui se sont mariés sans autorisation. Les militaires contrevenants sont en outre privés de leurs droits, tant pour eux que pour leurs veuves et leurs enfants, à toute pension ou récompense militaire.

---

et après mûre délibération, que l'union du duc d'Orléans fut brisée. Non content de cette cassation qui semblait cependant suffisante, le roi voulut encore obtenir l'adhésion du clergé. Une assemblée d'ecclésiastiques tenue en 1635 donna une déclaration conforme à l'arrêt du Parlement.

Il est donc difficile de trouver dans les traditions monarchiques une autorité pour justifier les décrets de ventôse.

Du reste, toutes les formes juridiques eussent-elles été observées, le décret d'annulation (décret du 30 ventôse) eût-il été régulier, constitutionnel, tout cela serait encore insuffisant, comme le faisait remarquer très-judicieusement le ministère public en première instance. Il fallait, de plus, pour que ce décret eût force de loi, qu'il fût inséré au *Bulletin*, ou tout au moins, d'après un avis du conseil d'État du 25 prairial an XIII (14 juin 1805), qu'il fût signifié aux personnes qu'il concernait. Or, aucune de ces conditions n'a été remplie. Ce décret n'a été ni inséré au *Bulletin* ni notifié aux parties. Il est resté ignoré de tous et enfoui, pendant plus de cinquante ans, dans les archives où on l'a découvert en 1860.

Aussi, devant les deux juridictions, les avocats des parties, et même le ministère public en première instance, semblaient d'accord sur l'illégalité des actes de ventôse. L'avocat qui plaidait la nullité du mariage d'Amérique disait en parlant de ces décrets : « C'est une œuvre de do- » minateur d'empire ; je ne veux pas m'expliquer sur elle, mais j'invo- » que le bénéfice du temps qui s'est écoulé et du silence qui s'est fait » d'ailleurs autour de ces décrets. » Silence facilement explicable, si

III. — Les anciennes ordonnances sur l'esclavage défendaient le mariage entre les blancs et les noirs (1). Ce n'était d'ailleurs là qu'un empêchement prohibitif. La révolution, qui avait proclamé le règne de la liberté et la déclaration des droits de l'homme, ne pouvait laisser subsister l'esclavage. Cette institution fut supprimée dans les colonies françaises par la Convention nationale, qui attribua à tous les hommes indistinctement la jouissance des droits assurés par la constitution. Ainsi s'évanouit tout obstacle relatif au mariage des hommes de couleur. Mais les premiers empêchements reparurent bientôt avec le rétablisse-

---

l'on songe que le décret d'annulation est resté ignoré jusqu'au moment du procès !

Les premiers juges se sont abstenus de donner leur opinion sur la valeur de ces décrets; ils repoussèrent néanmoins la prétention de Mᵐᵉ Patterson et de son fils, en leur opposant une fin de non-recevoir fondée sur ce qu'il y aurait eu chose jugée devant le conseil de famille impérial, en 1856 et en 1860. La Cour, dans son arrêt du 1ᵉʳ juillet 1861, accueillit aussi ce moyen au profit de l'intimé.

Le conseil de famille impérial avait, en effet, déclaré la nullité du mariage de 1803, mais d'une manière incidente et à propos d'autres questions débattues devant lui. — On ne saurait invoquer contre les décisions de ce conseil l'absence des formes habituelles de la procédure, le défaut de publicité et de contrôle, l'impossibilité d'un recours ou d'un pourvoi quelconque, en un mot l'absence de toutes les garanties ordinaires de la justice. Cette juridiction à l'usage des princes a été dispensée de ces diverses conditions, par décret impérial du 30 juin 1853. Seulement on peut remarquer qu'elle n'est compétente que pour les actions purement personnelles intentées contre les membres de la famille impériale (art. 28 du statut), et qu'ici le conseil, sortant de ses attributions, a tranché une question d'État. Son incompétence était donc notoire. C'est ce que faisait remarquer l'avocat des appelants. Mais la Cour a déclaré « qu'elle n'avait pas autorité pour prononcer sur la compétence et la procédure adoptées par le conseil impérial de famille. » (Voir *le Droit* des 24, 25, 26, 27, 28 juin, 1ᵉʳ et 2 juillet 1861.)

(1) Code noir pour la Louisiane, art. 6.

ment de l'esclavage édicté par le gouvernement de Bonaparte, le 30 floréal an XII. Lors de la discussion de cette loi, on eut la douleur d'entendre invoquer la nécessité d'une institution qu'on croyait pour jamais abolie, et déclarer la légitimité de la servitude là même ou quelques années auparavant avait été prononcée la célèbre parole : « Périssent les colonies plutôt qu'un principe ! »

Un décret du gouvernement provisoire du 27 avril 1848 abolit de nouveau l'esclavage dans nos possessions françaises. Dès lors il y avait lieu d'espérer que cette plaie de la civilisation moderne était à jamais extirpée de notre législation ; mais une loi du 28 mai 1858, sans rétablir complétement la servitude, reconnaît encore aux habitants de nos colonies le droit de posséder des esclaves. Toutefois, les prohibitions au mariage entre des personnes de couleur différente sont à peu près disparues depuis la loi du 24 avril 1833 et l'ordonnance royale du 11 juin 1839. D'après la loi de 1833, tous les hommes de couleur libres ont la pleine et entière jouissance des droits civils ; et d'après l'ordonnance de 1839, pour qu'un esclave de l'un ou l'autre sexe soit affranchi, il suffit qu'il épouse soit son maître ou sa maîtresse, soit, avec la permission de son maître, une autre personne libre.

CHAPITRE V.

**Effets de la sentence judiciaire qui prononce la nullité
du mariage.**

La décision judiciaire qui prononce la nullité d'un
mariage anéantit cette union dans le passé aussi bien
que dans l'avenir. Dès cet instant, plus de différence entre le mariage entaché d'une nullité relative
et le mariage nul proprement dit. Avec la cause
s'évanouissent rétroactivement tous les effets qu'elle
semblait avoir produits. *Quod nullum est nullum pro-
ducit effectum.*

Ainsi les dispositions du contrat de mariage seront non avenues ; il n'aura existé entre les parties
qu'une société de fait qu'il s'agira de liquider d'a-
près les principes ordinaires de ces sociétés ; les
libéralités subordonnées au mariage seront effacées.
Les enfants issus de l'union des prétendus époux
perdront la qualité d'enfants légitimes, ou plutôt ils
ne l'auront jamais eue. De même le mariage annulé
n'a jamais pu produire d'alliance entre l'une des
parties et les parents de l'autre. En conséquence,
les règles prohibitives sur les unions matrimoniales
entre alliés seront inapplicables à l'égard de ces
diverses personnes.

Cependant, comme le fait remarquer M. Demolombe (345), il ne faut pas trop exagérer ces principes. La situation de fait qui a existé entre les deux

conjoints, bien que ne constituant pas un mariage, n'est pas dénuée de tout effet juridique. Et d'abord, j'appliquerais sans hésiter à la femme dont le mariage a été annulé, la disposition de l'article 228, et je lui refuserais le droit de se marier avant l'expiration du délai de dix mois. Car le motif d'éviter la *confusion de part*, *turbationem sanguinis*, dont s'est inspiré le législateur, existe aussi bien dans le cas de l'annulation d'un mariage que dans celui de sa dissolution. Il en serait autrement, toutefois, si la femme se proposait de contracter mariage précisément avec celui auquel elle avait été illégalement unie ; ce qu'elle ne pourrait pas faire en toute hypothèse ; par exemple dans le cas où la bigamie aurait été la cause de la nullité (1).

De même j'attribuerais au mariage annulé l'effet de donner un père et une mère certains aux enfants qui en seraient issus. Sans doute ces enfants ne seront pas légitimes ; ils seront naturels simples, incestueux ou adultérins ; mais ils auront des parents légalement connus. Ainsi un enfant est né pendant ce mariage ou même dans les dix mois de son annulation judiciaire (art. 312, 315), je pense que son acte de naissance suffira pour établir sa filiation. Si donc les époux avaient contracté une union entachée d'inceste ou de bigamie, l'enfant aura, vis-à-vis de ses parents, la qualité d'enfant incestueux ou adultérin.

____

(1) Demol., III, 348. — Marc., I, 750.

Cette solution est nécessaire. En effet l'article 762, en accordant aux enfants incestueux une créance d'aliments contre leurs parents, suppose par là même que leur filiation peut être prouvée ; or les articles 335 et 342 prohibant la reconnaissance volontaire ou judiciaire de ces enfants, il serait impossible d'établir légalement leur situation si on ne la faisait pas dériver du mariage annulé de leurs père et mère. Quant aux enfants adultérins, leur filiation peut, à la vérité, se prouver d'une autre manière ; je veux parler du désaveu de paternité autorisé par les articles 312 et 313 ; mais ce mode de preuve n'exclura pas celle qui résulte de la conception pendant un mariage frappé de nullité. Cette dernière preuve étant forcément applicable, comme nous venons de le voir, aux enfants incestueux, le sera également aux enfants adultérins; car ces deux filiations sont placées sur la même ligne, quant aux droits qu'elles confèrent et quant aux rigueurs dont elles sont l'objet de la part du législateur. Si la nullité du mariage était fondée sur un autre vice que la bigamie ou l'inceste, les enfants qui en seraient issus seraient enfants naturels simples. La paternité et la maternité appartiendraient légalement aux conjoints dont l'union a été brisée. Il en serait ainsi alors même que ceux-ci ne les auraient point reconnus dans l'acte de naissance. En vain dirait-on que cet acte, quand il ne contient pas une reconnaissance expresse, établit seulement la filiation légitime, qu'il ne saurait jamais prouver la filiation naturelle, et que d'ailleurs la recherche de la paternité naturelle est interdite (art. 319, 334, 340 et 341). Cette objection, qui n'est pas sans force, me semble suffisamment réfutée par les considérations suivantes : en principe, il est vrai, la loi n'a admis comme preuve de la paternité naturelle que la reconnaissance positive du père. Pourquoi? Parce que le fait de paternité est d'une constatation fort difficile, fort incertaine, qu'il ne pourrait se baser que sur des présomptions et jamais sur des preuves matérielles. Mais cependant la recherche de la paternité n'est pas absolument impossible, et l'article 340 l'autorise dans le cas d'enlèvement coïncidant avec la conception. A *fortiori*, l'établissement de la filiation doit-il pouvoir se fonder sur l'acte de naissance quand l'enfant a été conçu pendant le mariage dont l'illégitimité a été ensuite judiciairement proclamée ? Repousser cette théorie serait, comme le dit M. Demolombe, prêter aux rédacteurs une contradiction choquante. D'ailleurs nous venons de voir que la filiation adultérine et incestueuse pouvait être établie par l'acte de naissance ; il faut évidemment donner la même décision en matière de filiation naturelle simple ; car pour constater cette dernière filiation, le législateur s'est montré assurément beaucoup moins rigoureux (1).

Toutefois ce mode de preuve ne saurait être admis dans le cas où le mariage aurait été annulé pour im-

---

(1) Zach., IV, p. 04. — Demol., III, 345. — Duc., Bonn. et Roust., I, 896.

puberté du mari. Les motifs de cette distinction se présentent d'eux-mêmes à l'esprit et n'ont pas besoin de développements (1).

Jusqu'ici il n'a été question que du mariage nul ou annulable contracté de mauvaise foi par les parties. Si, au contraire, les prétendus époux ou l'un d'eux seulement avaient agi de bonne foi, il y aurait alors ce que la doctrine appelle un *mariage putatif*, et une telle union produirait des effets civils.

A cet égard, les articles 201 et 202 s'expriment ainsi : « Le mariage qui a été déclaré nul produit » néanmoins les effets civils, tant à l'égard des » époux qu'à l'égard des enfants, lorsqu'il a été » contracté de bonne foi. » — « Si la bonne foi » n'existe que de la part de l'un des deux époux, » le mariage ne produit les effets civils qu'en faveur » de cet époux et des enfants issus du mariage. » Le commentaire de ces dispositions exigerait de très-longs développements qui ne rentrent pas dans notre sujet.

Une fois la nullité du mariage prononcée, si le jugement n'est pas encore passé en force de chose jugée, il y aurait de graves inconvénients à permettre à chacune des parties de contracter une nouvelle union ; car les juges d'appel peuvent infirmer la première sentence, ou, s'ils la confirment, la Cour suprême peut casser l'arrêt. Ce danger a frappé certains auteurs. Ceux-ci ont pensé qu'il

____

(1) Demol., III, 346.

était interdit de procéder à un autre mariage avant l'expiration des délais pour se pourvoir en cassation, ou avant qu'il ait été statué sur le pourvoi. C'est là une opinion très-sage, et bien que sa consécration soit une exception aux principes généraux, il n'y a rien d'arbitraire à l'admettre. En effet, cette exception est formellement prononcée par les articles 264 et 265, en cas de dissolution du mariage par le divorce ; et l'analogie des deux situations est frappante (1).

____

(1) Delvincourt, I, p. 70, note 8. — Demol., III, 350.

TABLE DES MATIÈRES

DROIT ROMAIN.

Des conditions du mariage en droit romain.

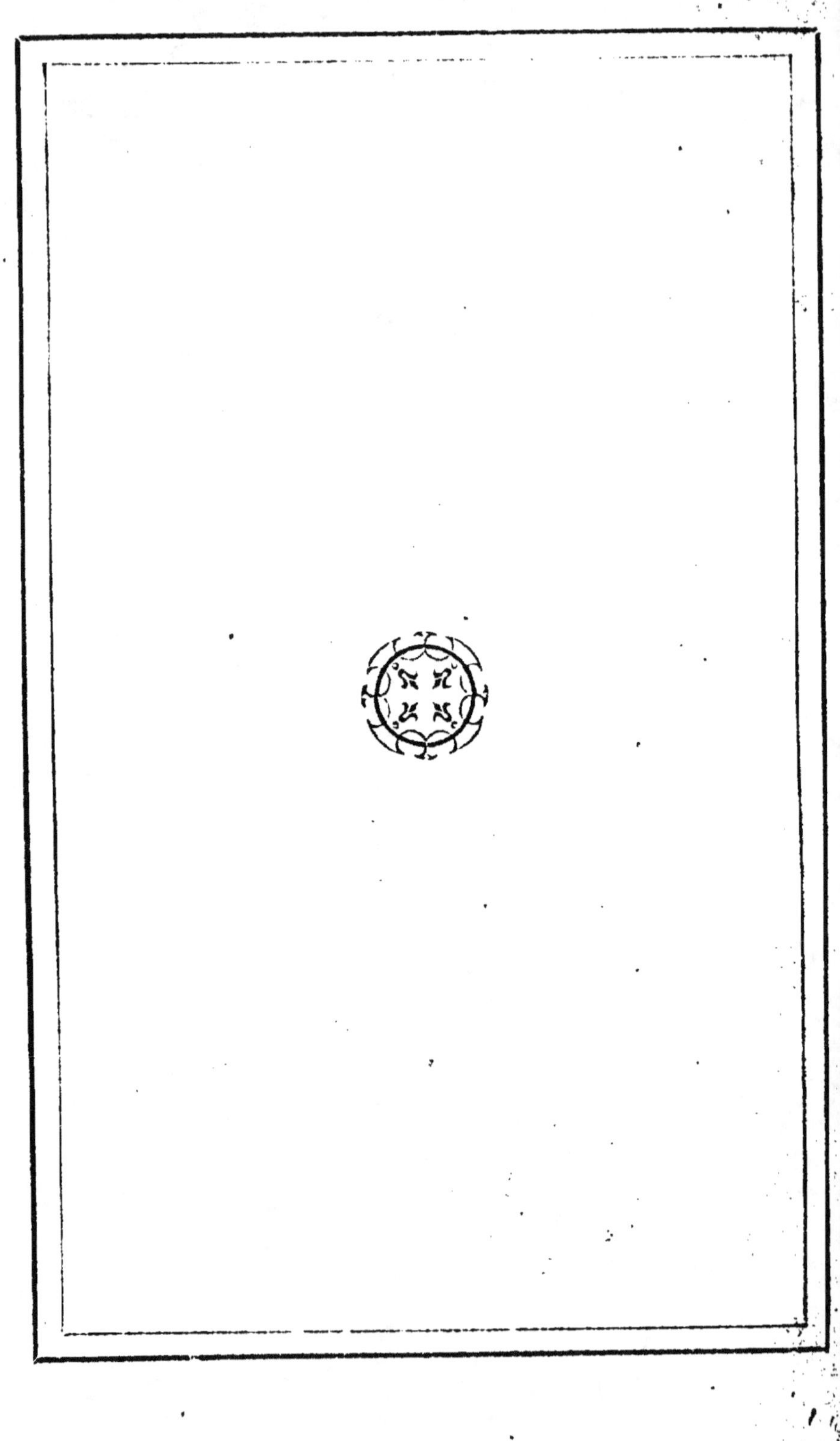